A globalização foi longe demais?

FUNDAÇÃO EDITORA DA UNESP

Presidente do Conselho Curador
Mário Sérgio Vasconcelos

Diretor-Presidente
José Castilho Marques Neto

Editor-Executivo
Jézio Hernani Bomfim Gutierre

Superintendente Administrativo e Financeiro
William de Souza Agostinho

Assessores Editoriais
João Luís Ceccantini
Maria Candida Soares Del Masso

Conselho Editorial Acadêmico
Áureo Busetto
Carlos Magno Castelo Branco Fortaleza
Elisabete Maniglia
Henrique Nunes de Oliveira
João Francisco Galera Monico
José Leonardo do Nascimento
Lourenço Chacon Jurado Filho
Maria de Lourdes Ortiz Gandini Baldan
Paula da Cruz Landim
Rogério Rosenfeld

Editores-Assistentes
Anderson Nobara
Jorge Pereira Filho
Leandro Rodrigues

Dani Rodrik

A globalização foi longe demais?

Tradução de
Magda Lopes

© 1997, Institute for International Economics
Título original: *Has Globalization Gone Too Far?*

© 2013 Editora Unesp

Fundação Editora da Unesp (FEU)
Praça da Sé, 108
01001-900 – São Paulo – SP
Tel.: (0xx11) 3242-7171
Fax: (0xx11) 3242-7172
www.editoraunesp.com.br
www.livrariaunesp.com.br
feu@editora.unesp.br

CIP – Brasil. Catalogação na fonte
Sindicato Nacional dos Editores de Livros, RJ

R619g

Rodrik, Dani
   A globalização foi longe demais? / Dani Rodrik; tradução de Magda Lopes.
– São Paulo: Editora Unesp, 2011.
   192p.

   Tradução de: *Has globalization gone too far?*
   ISBN 978-85-393-0138-6

   1. Economia. 2. Integração econômica internacional. 3. Integração econômica internacional – Aspectos sociais. 4. Globalização. 5. Relações econômicas internacionais. 6. Comércio exterior e emprego. 7. Mercado de trabalho. I. Título.

11-3224.
CDD: 337.1
CDU: 339.1

Editora afiliada:

Asociación de Editoriales Universitarias
de América Latina y el Caribe

Associação Brasileira de
Editoras Universitárias

Sumário

Prefácio à edição brasileira   VII
Prefácio à edição norte-americana   XIX
Agradecimentos   XXIII

1 Introdução   1
  Fontes de tensão   6
  Globalização: de tempos em tempos   11
  Implicações   13

2 Consequências do comércio para mercados
de trabalho e as relações de trabalho   15
  Consequências do comércio com países que
têm abundante mão de obra não qualificada   18
  Consequências de uma demanda mais elástica
por trabalhadores   24
  Recapitulação   40

3 Tensões entre o comércio e os arranjos sociais domésticos 45

Expondo as questões: o exemplo do trabalho infantil 46
Comércio e *"blocked exchanges"* 55
As novas questões comerciais e as demandas por
um "comércio justo" 57
Integração e política social na Europa 60
Maastricht, as greves francesas e a dimensão social 64
As diferenças nas instituições nacionais têm efeitos
sobre o comércio? 69
Recapitulação 76

4 O comércio e a demanda por seguro social 79

O risco externo é importante? 87
Evidências *cross-country* sobre a abertura,
o risco externo e a atividade do governo 91
Evidências dos dados de painel para os países
da OCDE 96
Recapitulação 102

5 Implicações 107

A desintegração social à custa da integração
econômica? 108
Implicações políticas 111
Observações finais 133

Apêndice A 135
Apêndice B 143
Referências 145
Índice remissivo 153

Prefácio à edição brasileira

Luiz Caseiro[1]
Glauco Arbix[2]

Dani Rodrik é hoje um dos mais prestigiados e citados economistas do mundo. O rigor e a criatividade de suas análises tornaram-no referência obrigatória a todos aqueles que se interessam pelos processos de desenvolvimento econômico e, em especial, pelas estratégias de inserção dos países em desenvolvimento na economia global. Parte de seu sucesso deve-se ao fato de ser um dos poucos pesquisadores sobre o tema que têm como base um quadro teórico neoclássico, usualmente valendo-se de robustas análises empíricas, para chegar a conclusões nada ortodoxas, com impactos diretos sobre a formulação e a implantação de políticas econômicas e industriais em diversos países do mundo.

---

1 Luiz Caseiro é pesquisador do Observatório da Inovação e Competitividade da Universidade de São Paulo (USP).

2 Glauco Arbix é professor livre-docente de Sociologia da Universidade de São Paulo (USP) e presidente da Financiadora de Estudos e Projetos (Finep).

A globalização foi longe demais?, primeiro livro de Rodrik – publicado em inglês quando tinha apenas 39 anos –, já revela os principais traços distintivos do rigor conceitual e metodológico de seu trabalho, sempre combinado a um pensamento não convencional, em busca novas formas de analisar e propor soluções a problemas da economia global. Sua tradução para o português, quase duas décadas depois, é de grande relevância por ao menos três motivos: pela contribuição para a compreensão das origens históricas de atuais desafios da economia internacional; pela importância do conjunto da obra, que apresenta análises e propostas de ação políticas aperfeiçoadas ao longo de sua produção; e, finalmente, pela reflexão acerca do papel dos economistas no debate político, sublinhando a necessidade de levar em consideração as demandas e os valores dos diversos grupos sociais como variáveis fundamentais para a proposição de estratégias de desenvolvimento. Adicionalmente, o estilo da argumentação de Rodrik possui também um caráter didático para os pesquisadores das ciências sociais de maneira geral, unindo uma prosa clara e objetiva, povoada de exemplos históricos, a análises empíricas sofisticadas de séries temporais.

Atualidade do debate

Embora este livro tenha sido escrito na década de 1990, sua questão central – os efeitos da globalização sobre as relações de trabalho e sobre as instituições de bem-estar social dos países de industrialização avançada – voltou à pauta prioritária de pesquisadores e formuladores de política de todo o mundo após a eclosão da crise econômica de 2008. As tensões sociais resultantes da integração econômica internacional abordadas por Dani Rodrik nesta obra, entretanto, não se restringem a esse grupo de países e as análises apresentadas pelo autor também contribuem para o debate sobre os desafios enfrentados por muitos países emergentes, dentre os quais o Brasil.

A globalização foi longe demais?

Quando *A globalização foi longe demais?* foi escrito, a estrutura das relações políticas e econômicas entre os países encontrava-se em radical transformação. Acordos regionais de livre-comércio aprofundavam a integração econômica intensificando os fluxos internacionais de bens, serviços e investimentos. A recente criação da Organização Mundial do Comércio (OMC) procurava harmonizar as normas domésticas para o comércio exterior. Diversos países em desenvolvimento e os chamados "países em transição" implantavam reformas liberalizantes. E, por fim, mas não menos importante, o Leste e o Sudeste Asiático passavam a responder por crescentes parcelas da produção global de bens industrializados.

Essas transformações, que ainda se encontram em curso, traziam então crescentes tensões sociais na maioria dos países e provocavam um reavivamento de discursos protecionistas por parte de lideranças políticas e sindicais. Rodrik demonstrava uma dupla preocupação. Por um lado, se o imperativo da integração econômica fosse colocado acima de considerações acerca do bem-estar dos diversos grupos sociais no interior dos países, a própria legitimidade dos processos de liberalização encontrar-se-ia em risco, propiciando terreno fértil para o retorno generalizado de práticas mercantilistas. Por outro lado, ele considerava que os economistas e formuladores de políticas não analisavam com a devida seriedade as legítimas reivindicações dos grupos sociais mais atingidos pela globalização, em especial os trabalhadores de baixa qualificação. Desse modo, não atuavam para desenvolver estratégias mitigadoras dos problemas sociais gerados liberalização econômica.

Muitos dos conflitos sociais causados pela globalização identificados por Rodrik foram temporariamente relegados para segundo plano frente ao rápido crescimento da economia global que ocorreu após a virada do milênio. Voltaram, entretanto, com força ainda maior após a crise de 2008, que arrefeceu o crescimento global e ampliou enormemente os déficits fiscais nos países desenvolvidos, reduzindo desse modo sua capacidade para criar políticas sociais compensatórias. O atual cenário global possui, portanto, grande semelhança com o quadro apresentado nesta obra.

O combate às desigualdades sociais geradas pela globalização continua sendo um desafio atual que aqui recebe atenção detalhada. Rodrik demonstra, por meio de uma rigorosa elaboração conceitual e de amplo conjunto de dados, que a maior exposição ao comércio internacional, apesar de possibilitar aceleração do crescimento econômico, encontra-se intimamente relacionada a uma crescente desigualdade na renda entre os trabalhadores mais e menos qualificados e a pressões sobre as instituições sociais domésticas. Na Europa essa desigualdade é menor que nos Estados Unidos, mas a conta dos europeus é cobrada em termos de um maior desemprego. Em ambos os casos, os sistemas nacionais de seguridade social passam a ser mais exigidos.

Esse é um dos dilemas centrais apresentados por Rodrik. Por um lado, a globalização – compreendida aqui como uma intensificação do comércio e dos fluxos de investimento internacionais – exige mais dos sistemas nacionais de proteção social para combater as desigualdades de renda e o desemprego. Por outro, confere menor poder aos governantes para atender a essas exigências, na medida em que a livre mobilidade do capital confronta-os com a necessidade de tornar seus países atrativos aos investidores internacionais, o que envolve redução dos gastos públicos e dos custos trabalhistas.

Entretanto, o presente livro está longe de ser um libelo contra a integração econômica internacional. Pelo contrário, trata-se de um alerta para aquilo que o autor chamaria em seus trabalhos posteriores de "hiperglobalização". Durante boa parte dos anos 1990, foi predominante nos discursos de economistas, governos e instituições multilaterais uma ideologia que concebia a simples liberalização dos mercados como panaceia para todos os males da economia global. Esse discurso nunca foi integralmente posto em prática pela maioria dos países, mas provocou intensos debates. Rodrik foi um de seus opositores e contribuiu para consolidar uma vertente crítica à abertura econômica tomada como um fim em si mesmo. Demonstrou, por meio de um amplo conjunto de evidências, que tal estratégia pode amplificar os conflitos sociais e aumentar as pressões pelo desmantelamento de instituições nacionais, com efeitos negativos sobre a soberania dos Estados, a coesão social e sobre a própria legitimidade do mercado global.

A alternativa protecionista seria, todavia, um remédio pior que a doença, gerando outros tipos de conflitos sociais e diminuindo as oportunidades de crescimento. Rodrik demonstra como a implementação das políticas de bem-estar social do pós-guerra no Ocidente ocorreu concomitantemente a uma progressiva integração internacional. Ou seja, abertura econômica e seguridade social, longe de serem opostas, foram até determinado ponto complementares. Até meados dos anos 1970, os países mais integrados ao mercado internacional eram aqueles que mais implantavam políticas sociais abrangentes e dispendiosas. Entretanto, essa correlação positiva começou a cessar a partir da década de 1980, quando a desregulamentação dos mercados foi guiada por uma rota muito mais ideológica que pragmática, indo em determinados aspectos longe demais.

Para o autor, a globalização seria em certo sentido comparável ao progresso tecnológico. Ambos têm como efeito o aumento da produtividade e o crescimento econômico. Entretanto, também podem ocasionar efeitos não desejados sobre a distribuição de renda da população, na medida em que alguns grupos se tornam mais capazes de se apropriar do excedente do que outros. Assim como os governos interferem de modo a oferecer incentivos para o desenvolvimento de determinadas tecnologias, devem agir em relação ao comércio e aos investimentos internacionais, estimulando-os de forma pragmática, ou seja, levando em conta seus benefícios e custos sociais.

Em um contexto político e acadêmico extremamente polarizado entre aqueles que se colocavam a favor e contra a globalização, um dos pontos fundamentais do argumento deste livro é a demonstração de que as nações têm razões legítimas para se preocupar com as consequências do processo de integração econômica sobre as condições de vida de suas populações. Não haveria, entretanto, uma receita pronta de como esse processo deve ser conduzido. Caberia aos governos atuar de maneira criativa, pragmática e – na medida do possível – coordenada frente aos desafios colocados pela globalização.

Com base nesse diagnóstico, Rodrik procura formular sugestões a respeito de alguns possíveis caminhos para a atuação dos Estados nacionais. Suas propostas vão desde uma reorientação dos gastos sociais para proteger os grupos mais atingidos até a defesa da implementação da taxa Tobin, imposto global sobre os fluxos de capitais cuja receita seria dividida entre os países – proposta esta que ganhou grande força no interior da União Europeia após a recente crise. O autor sugere ainda uma ampliação nos mecanismos de salvaguardas da OMC, com o intuito de permitir aos países a possibilidade de serem liberados temporariamente de obrigações internacionais que geram amplos conflitos sociais ou pressões no sentido de um desmantelamento das instituições nacionais. A ideia seria criar novas regras multilaterais que a um só tempo evitassem um protecionismo generalizado, mas reconhecessem a importância das políticas sociais e da autonomia dos Estados para definir quais são suas prioridades.

Não cabe aqui julgar o mérito ou a viabilidade dessas propostas. Salientamos apenas que os problemas que elas procuram solucionar mantêm-se na ordem do dia, como atestam os esforços dos mais diversos países, emergentes e desenvolvidos, para controlar os fluxos de capitais, os contínuos conflitos gerados pela redução dos gastos sociais na Europa e os intermináveis impasses em torno das normas e negociações da OMC. Uma reorientação dos gastos sociais de fato ocorreu de modo bem-sucedido em muitos países. Um dos exemplos mais bem-sucedidos teve lugar no Brasil, na primeira década dos anos 2000, quando diversas políticas sociais conferiram mais dignidade à vida de milhões

A globalização foi longe demais?

de cidadãos, além de gerar encadeamentos positivos para o conjunto da economia e para a arrecadação do governo, que superam em muito seus custos, como inúmeras pesquisas revelaram.

Entretanto, é de se estranhar que as propostas oferecidas pelo autor soem apenas como paliativas em relação aos malefícios causados pela integração econômica. Na verdade, parecem ainda pressupor que o máximo da eficiência seria obtido apenas pela liberalização econômica, que os governos estariam destinados a diminuir seu tamanho e que toda ação possível seria ou a de implementar políticas sociais para proteger os grupos mais atingidos, ou a de realizar acordos multilaterais que minimizassem os efeitos colaterais da globalização sobre a sociedade.

Aqueles que estão familiarizados com seus trabalhos mais recentes certamente sentirão a falta de alguma menção àquilo que Rodrik chama de "políticas industriais inteligentes" como instrumento para uma inserção mais próspera na economia internacional. O autor, como pesquisador atento, evoluiu em seus fundamentos.

Não é coincidência que em meados dos anos 1990 o conceito de inovação começa a invadir de forma crescente os programas de governo dos mais diversos países. Para os desenvolvidos, o aumento da atividade inovadora implica a possibilidade de manter o padrão de vida de sua população e suas caras políticas sociais. Para os emergentes, é o caminho para o desenvolvimento sustentável.

Em seus trabalhos mais recentes, o autor reconhece a importância do Estado para a formulação de políticas de inovação e de incentivo à atividade industrial de modo geral. Passa a prescrever a adoção em larga escala de políticas industriais para os países em desenvolvimento – cujas economias teriam sua topografia marcada por grandiosas falhas de mercado e pela necessidade de descobrir novas vocações produtivas. Para tanto, avança na conceptualização da proposta esboçada neste livro de flexibilização das normas da OMC para permitir a implementação de políticas mais eficazes de transformação estrutural.

É até certo ponto compreensível a ausência dessas questões no contexto dos anos 1990, quando as ideias de política industrial e de estratégias de desenvolvimento encontravam-se fora de moda e eram até mesmo vistas como malditas pela maioria dos acadêmicos e formuladores de política – embora nunca tenham deixado de marcar presença na atuação dos mais diversos governos, talvez com exceções pontuais, especialmente na América Latina.

Entretanto, as lacunas que os últimos quinze anos evidenciaram existir neste livro não invalidam as questões aqui levantadas com grande propriedade. A grande crise de 2008 realimentou diversos dos fantasmas que Rodrik via em 1997. O desemprego e os déficits públicos cresceram assustadoramente na maioria dos países desenvolvidos, que mais uma vez enfrentam pressões para a redução de seus gastos sociais. Países latino-americanos com parques industriais diversificados, especialmente o Brasil, também enfrentam a intensa competição internacional e a necessidade de reformas estruturais socialmente controversas.

Compreender os dilemas que a globalização e a ascensão dos países emergentes causam aos países desenvolvidos é fundamental tanto para pensar o mundo contemporâneo quanto para a própria concretização das oportunidades de desenvolvimento dos emergentes. Afinal, são nos países desenvolvidos que ainda estão localizados os maiores mercados consumidores, as sedes das principais empresas transnacionais e grande parte da atividade inovadora. Embora esse cenário esteja mudando aos poucos, um assalto do protecionismo nesses países não é desejável e acarretaria consequências negativas para o crescimento dos emergentes, entre eles o Brasil.

A importância da obra

Por meio de *A globalização foi longe demais?*, é possível constatar que parte importante da reflexão de um dos mais influentes

A globalização foi longe demais?

economistas do início do século XXI já se encontra amadurecida ao final da década de 1990. Uma das principais teses de seu mais recente trabalho *Globalization Paradox* [Paradoxo da globalização] (2011), a existência de um dilema entre a "hiperglobalização" e a soberania nacional, já é apresentada aqui com seus elementos essenciais.

Entretanto, muita coisa mudou desde 1997. Alguns meses após a publicação deste livro, a crise asiática revelaria ao mundo os riscos da desregulamentação financeira. Riscos estes que ressurgiriam com maior força na crise de 2008. Rodrik não trata aqui especificamente dos efeitos danosos dessa modalidade de globalização, lacuna que o próprio autor viria a apontar posteriormente em trabalhos destinados ao tema. Porém, já estão presentes aqui diversos *insights* sobre os perigos da livre circulação de capitais especulativos. Por exemplo, quando o autor demonstra que o efeito negativo da exposição aos mercados externos sobre a capacidade de sustentação dos gastos sociais nos países da OCDE é duas vezes maior entre aqueles que não impõem nenhuma medida de restrição a esses fluxos.

Do mesmo modo, embora não apareça aqui de forma explícita uma defesa da adoção de políticas industriais, o argumento que sustenta essa defesa em seus textos mais recentes também está presente, a saber, a necessidade da garantia de autonomia para os países escolherem sua própria estratégia de inserção internacional. Embora a natureza de suas prescrições mude com o tempo – como, aliás, não poderia deixar de ser –, a defesa da necessidade de reformas nas regras da OMC e da adoção de normas multilaterais mais democráticas também é uma constante nos trabalhos do autor.

Por suas virtudes – e também por suas limitações –, este livro é fundamental para compreender a evolução e o amadurecimento do pensamento de Dani Rodrik. Foi com o referencial teórico presente nesta obra que o autor contribuiu para tornar o debate sobre a globalização mais sensato, ao sugerir um caminho intermediário entre a defesa da globalização desenfreada e o saudosismo do protecionismo autárquico, duas posições pouco pragmáticas que predominavam no debate político e acadêmico na década de 1990. Para os pesquisadores brasileiros incomodados por essa dualidade tirânica, os *insights* emitidos por Rodrik foram recebidos com sabor de esperança.

O grande desafio que o autor se colocou foi o do refinamento da teoria e da pesquisa econômica em busca do conhecimento mais preciso possível dos processos socioeconômicos causados pela integração dos países no mercado internacional. Para ele, somente por meio desse detalhamento dos mecanismos da globalização seria possível a elaboração de políticas públicas mais equilibradas e consistentes.

A pergunta de Rodrik frente à globalização é em certa medida semelhante àquela manifesta por Schumpeter em relação ao capitalismo em 1942: "poderia ela sobreviver ao seu próprio sucesso?". A resposta também é bem parecida. O autor reconhece o vigor da globalização e sua importância para o crescimento econômico, mas preocupa-se com a possibilidade de ela minar as instituições sociais que a tornam possível. Avançando no debate, demonstra com grande riqueza de detalhes que a ação estatal e a globalização dos mercados não podem ser vistas como excludentes. Pelo contrário, o papel dos Estados torna-se ainda mais fundamental num mundo globalizado.

Este livro é também um documento histórico do debate sobre a globalização, evidenciando que muitos dos aspectos da integração internacional que hoje são tomados como dados – como, por exemplo, a terceirização da produção e a crescente harmonização das normas internacionais de produção e comércio – foram na verdade forjados recentemente e não sem o enfrentamento de forte resistência social dentro dos próprios países de industrialização avançada. Ao analisar a legitimidade dos argumentos dos grupos sociais favoráveis e descontentes em relação à fundação das bases institucionais do atual estágio de integração econômica internacional, Rodrik contribui para enraizar socialmente a globalização. Lembra, dessa maneira, que o próprio mercado global estrutura-se não somente pela busca da eficiência, mas também por disputas políticas de grupos sociais com interesses divergentes.

O estilo do autor e o papel dos economistas

Chegamos, então, ao terceiro motivo que torna a leitura deste livro agradável. Toda a argumentação aqui apresentada encontra-se embasada em elaborações conceituais rigorosas e sofisticadas análises empíricas que são traduzidas com incrível clareza ao leitor leigo.

A leitura do texto, portanto, possui também um forte caráter didático tanto para os iniciantes nas ciências sociais quanto para os pesquisadores já maduros. Lembra aos economistas contemporâneos que o estilo da escrita é um elemento essencial às ciências humanas, ao mesmo tempo que não deixa os demais cientistas sociais esquecerem que a procura pelo conhecimento científico rigoroso dos processos sociais está na origem de seu ofício.

Seu grande domínio sobre os pressupostos teóricos da economia clássica permite ao autor utilizá-los de forma criativa. Por exemplo, quando ele desloca a discussão dos efeitos do comércio internacional sobre uma menor demanda pelo trabalho pouco qualificado, para uma discussão sobre as mudanças nas relações de trabalho causadas por uma maior elasticidade dessa demanda.

Rodrik alerta os economistas para a importância em se considerar o impacto que a formulação e a implantação de estratégias de integração econômica trazem aos diversos grupos sociais e às instituições nacionais. Apesar de ser desejável progredir no sentido de uma maior harmonização institucional, como, por exemplo, no estabelecimento de padrões mínimos de regulação trabalhista e de normas ambientais, não existe uma receita única que possa ser imposta com sucesso a todos os países. Cada país precisa encontrar seu próprio caminho para obter um maior nível de integração econômica de forma a minimizar os conflitos sociais. Cabe aos economistas ajudar nessa tarefa, despindo-se de preconceitos frente às demandas sociais e analisando-as com rigor e seriedade.

Embora este livro toque apenas marginalmente em diversas questões centrais da globalização – por exemplo, sua relação com o progresso tecnológico e as oportunidades de crescimento que gerou para muitos países –, a profundidade, a complexidade e a importância das análises aqui presentes extrapolam o que pode ser dito nesta breve apresentação. Sua leitura oferece uma exposição clara e abrangente de desafios que ainda são frequentemente negligenciados pelos economistas e que os países enfrentam ao lidar com os efeitos da globalização. Constitui, portanto, uma peça-chave para a compreensão do debate sobre as estratégias de inserção internacional das diversas nações.

O leitor brasileiro de hoje, seja o pesquisador ativo ou apenas interessado, encontrará neste livro ideias e análises de fôlego que estimulam a desenhar alternativas para a economia global e para o papel que desempenham nela os diversos países, inclusive o Brasil.

Abril de 2014.

Prefácio à edição norte-americana

As publicações do Institute for International Economics têm apoiado consistentemente a globalização econômica e a liberalização continuada do comércio e do investimento internacionais. Vários observadores têm na verdade creditado ao Instituto a provisão de parte do entendimento e das propostas políticas que vêm sustentando, e até mesmo acelerando, o impulso global para os mercados abertos.

Por isso, nós, membros do Instituto, estamos extremamente conscientes das críticas à globalização e à liberalização que continuam a emergir. Algumas destas podem ser rapidamente rejeitadas como um protecionismo ultrapassado, ainda que disfarçado sob uma nova roupagem ou como simples erros de análise. Mas outras se baseiam em questões sobre os princípios e práticas que sustentam a economia mundial contemporânea e, por isso, devem ser levadas a sério. Este estudo é um dos vários que o Instituto estará lançando no futuro próximo, tentando apresentar uma reavaliação objetiva e completa das posições pró e contra a globalização.

O autor Dani Rodrik responde claramente de forma negativa à pergunta apresentada no título deste livro e rejeita as políticas comerciais protecionistas. Entretanto, também conclui que a globalização só pode ser bem-sucedida e sustentada se forem tomadas medidas apropriadas de política interna para amortecer o impacto nos grupos que forem adversamente afetados e, mais importante ainda, para equipar todos os setores da sociedade para tirarem proveito dos benefícios da globalização, em lugar de serem destruídos por ela.

Nós, do Instituto, imaginamos que os Estados Unidos logo vão se engajar em um debate fundamental sobre a política comercial do país e talvez sobre toda a sua política econômica internacional. A legislação do Tratado Norte-Americano de Livre-Comércio (Nafta) desencadeou esse debate em 1993, apesar do modesto impacto econômico e escopo geográfico da questão na época. O debate seguinte pôde ser muito mais abrangente, pois os presidentes George W. Bush e Bill Clinton comprometeram os Estados Unidos a participarem dos acordos de livre-comércio com toda a América Latina (exceto Cuba) e com toda a região da Ásia-Pacífico (incluindo a China e o Japão), e porque a continuação das negociações é também provável em uma escala global na Organização Mundial do Comércio (OMC).

Por isso é essencial que as bases intelectuais da estratégia de globalização/liberalização, incluindo os sérios desafios a ela, sejam submetidas a uma análise honesta e abrangente. Decisões sobre se a estratégia deve ser mantida ou, então, acelerada precisam estar enraizadas em um entendimento claro de suas vantagens e desvantagens para importantes grupos da sociedade, assim como para o país em geral. É essencial confrontar a questão das políticas domésticas resultantes necessárias para apoiar a internacionalização, tratando-se do impacto adverso naqueles que podem sofrer com elas.

Quando a questão do "comércio administrado" se tornou um foco de debate político no final da década de 1980 e início da década de 1990, o Instituto realizou um esforço similar para produzir uma análise equilibrada e convincente que, ao mesmo tempo, informasse o entendimento público e promovesse decisões governamentais criteriosas. O resultado foi o trabalho de Laura D'Andrea Tyson, *Who's Bashing Whom? Trade Conflict in High-Technology Industries* [Quem está confrontando quem? conflito comercial nas indústrias de alta tecnologia], que recebeu ampla aclamação, tanto nos círculos políticos quanto nos intelectuais, por oferecer tal análise. Tyson, é claro, veio a desempenhar um papel pessoal importante na conformação da política econômica dos Estados Unidos como presidente do Conselho dos Assessores Econômicos e, subsequentemente, como principal assessora econômica do presidente e diretora do Conselho Econômico Nacional.

Esperamos que este novo estudo de autoria de Dani Rodrik dê uma contribuição proveitosa ao debate sobre os rumos futuros do comércio e sobre uma política econômica internacional mais ampla, tanto nos Estados Unidos quanto em outros países. Seu foco está voltado mais para as tensões que para os benefícios gerados pela globalização. Entretanto, logo estaremos publicando mais duas contribuições que procuram enriquecer o quadro: uma análise completa de William R. Cline do vínculo entre a expansão do comércio e as tendências da renda, e uma avaliação abrangente de J. David Richardson dos ganhos e também das perdas provenientes dos fluxos do comércio. O Instituto espera que esse grupo de publicações ajude a produzir uma base sólida para as decisões que se avizinham sobre um conjunto importante de questões políticas.

O Institute for International Economics é uma instituição privada sem fins lucrativos para o estudo e a discussão da política econômica internacional. Seu propósito é analisar importantes questões nessa área e desenvolver e comunicar novas abordagens práticas para lidar com elas. O instituto é totalmente apartidário.

O instituto é financiado fundamentalmente por fundações filantrópicas. Importantes subvenções institucionais estão sendo agora recebidas do The German Marshall Fund dos Estados Unidos, que criou o Instituto com uma generosa doação de recursos em 1981, e da The Ford Foundation, da Andrew W. Mellon Foundation e da C. V. Starr Foundation. Várias outras fundações e corporações privadas também contribuem para os recursos financeiros altamente diversificados do Instituto. Cerca de 16% dos recursos do Instituto em nosso último ano fiscal foram proporcionados por colaboradores de fora dos Estados Unidos, incluindo cerca de 7% do Japão.

O Conselho de Diretores arca com a total responsabilidade pelo Instituto e proporciona a orientação geral e a aprovação do seu programa de pesquisa – incluindo a identificação de tópicos com probabilidade de se tornarem importantes para os formuladores das políticas econômicas internacionais a médio prazo (em geral, de um a três anos) e que, por isso, devem ser tratadas pelo Instituto. O diretor, trabalhando de perto com sua equipe e com o Comitê Consultivo externo, é responsável pelo desenvolvimento de projetos específicos e toma a decisão final de publicar um estudo individual.

O Instituto espera que seus estudos e outras atividades possam contribuir para a construção de uma base mais forte da política econômica internacional em todo o mundo. Convidamos os leitores destas publicações a nos darem sua opinião sobre como podemos cumprir melhor esse objetivo.

C. Fred Bergsten
Diretor
Fevereiro de 1997

Agradecimentos

Sou grato a C. Fred Bergsten e ao Institute for International Economics por me proporcionarem apoio para este projeto. Os comentários detalhados de Fred Bergsten, Jagdish Bhagwati, Avinash Dixit, Robert Lawrence e Dave Richardson ajudaram enormemente o meu modo de pensar sobre o assunto. Agradeço a todos sem implicá-los nas opiniões aqui expressadas.

Também me beneficiei muito das discussões com – ou dos comentários de – George Borjas, Barry Bosworth, Geoff Carliner, Susan Collins, Jessica Einhorn, Kim Elliott, Ron Findlay, Isaiah Frank, Richard Freeman, Jeffry Frieden, Geoff Garrett, Monty Graham, Steph Haggard, Lenny Hausman, Carla Hills, Jim Hines, Gary Hufbauer, Doug Irwin, Jules Katz, Donald Keesing, Paul Krugman, Frank Levy, Howard Lewis, Rachel McCulloch, Howard Rosen, John Ruggie, Jeffrey Schott, T. N. Srinivasan, Ray Vernon e Greg Woodhead. Sou grato a Gian Maria Milesi-Ferretti, Roberto Perotti e Andy Rose, por me disponibilizarem alguns dos dados utilizados neste estudo; a Valerie Norville por um excelente trabalho de edição do manuscrito; e a Lesly Adkins-Shellie por amavelmente suportar várias falhas técnicas do computador. Matthew Maguire proporcionou-me uma excelente assistência na pesquisa.

Finalmente, agradeço ao Fundo Monetário Internacional (FMI), onde (um tanto inadequadamente) partes deste livro foram escritas, por sua hospitalidade.

É lugar-comum dizer que indivíduos e instituições aos quais se agradece não devem ser considerados responsáveis pelas opiniões expressas em um estudo. Por razões óbvias, isso se aplica de maneira particularmente enfática neste caso.

1
Introdução

As greves dos trabalhadores na França no final de 1995, que visavam reverter os esforços do governo francês para colocar seu orçamento dentro dos moldes dos critérios do Tratado de Maastricht, lançaram o país em sua pior crise desde 1968. Mais ou menos na mesma época, nos Estados Unidos, um destacado republicano estava conduzindo uma campanha vigorosa para a presidência tendo como base uma plataforma política de nacionalismo econômico, prometendo erguer barreiras comerciais e restrições mais rígidas à imigração. Nos países do Leste Europeu e na Rússia, ex-comunistas venceram a maior parte das eleições parlamentares realizadas desde a queda do Muro de Berlim, e o candidato comunista Gennady Zyuganov conseguiu 40% dos votos no segundo turno da eleição presidencial russa realizado em julho de 1996.

Esses desenvolvimentos aparentemente díspares têm um elemento comum: a integração internacional dos mercados de bens, serviços e capital está pressionando as sociedades a alterarem suas práticas tradicionais e, em represália, amplos segmentos dessas sociedades estão se defendendo.[1] As pressões por mudança são tangíveis e afetam todas as sociedades: no Japão, grandes corporações começam a desmantelar a prática do pós-guerra do emprego vitalício, uma das instituições sociais mais características do país. Na Alemanha, o governo federal combate a oposição sindical para cortar os benefícios das pensões visando melhorar a competitividade e equilibrar o orçamento. Na Coreia do Sul, os sindicatos recorrem a greves nacionais para protestar contra a nova legislação que facilitava às empresas demitir os trabalhadores. Os países em desenvolvimento da América Latina competem entre si na abertura do comércio, desregulando suas economias e privatizando empresas públicas. Pergunte aos executivos das empresas ou aos altos funcionários do governo por que essas mudanças são necessárias e você vai ouvir repetidas vezes o mesmo mantra: "Precisamos continuar (ou nos tornar) competitivos em uma economia global".

A oposição a essas mudanças não é menos tangível e às vezes resulta em estranhos aliados. Os sindicatos que condenam a competição injusta de trabalhadores estrangeiros menores de idade e os ambientalistas ganham o apoio dos empresários bilionários Ross Perot e Sir James Goldsmith na luta contra o Tratado Norte-Americano de Livre Comércio (Nafta) e a Organização Mundial do Comércio (OMC). Nos Estados Unidos, talvez a mais orientada para o livre mercado das sociedades industriais avançadas, as bases filosóficas do Estado liberal clássico sofrem ataques não só por parte dos protecionistas tradicionais, mas também do novo movimento comunitário, que enfatiza a virtude moral e cívica e

---

1 Ver a perspicaz coluna de Thomas L. Friedman (1996). Friedman enfatiza que o recente destaque desses movimentos políticos aparentemente diversos, como aquele de Patrick Buchanan nos Estados Unidos, dos comunistas na Rússia e dos islâmicos na Turquia, podem ter uma raiz comum: uma reação adversa à globalização. Agradeço a Robert Wade por chamar a minha atenção para o artigo de Friedman.

A globalização foi longe demais?

nutre uma desconfiança intrínseca pela expansão dos mercados (ver, por exemplo, Etzioni, 1994; e Sandel, 1996).[2]

O processo que veio a ser chamado de "globalização" está expondo uma profunda linha descontínua entre grupos que têm as habilidades e a mobilidade para florescer nos mercados globais e aqueles que não têm essas vantagens ou percebem a expansão dos mercados não regulados como hostis à estabilidade social e às normas profundamente enraizadas. O resultado é uma severa tensão entre o mercado e os grupos sociais, como trabalhadores, pensionistas e ambientalistas, com os governos emperrados no meio deles.[3]

Este livro declara que o desafio mais sério à economia global nos anos vindouros é tornar a globalização compatível com a estabilidade social e a política interna – ou, colocando em palavras ainda mais diretas, garantir que a integração econômica internacional não contribua para a *des*integração social interna.

Preocupados com as ansiedades de seus eleitores, os políticos dos países industriais avançados estão bem conscientes de que nem tudo vai bem com a globalização. A reunião do Grupo dos Sete em Lyon, em junho de 1996, deu uma importância central à questão: seu comunicado foi intitulado "Tornando a globalização um sucesso para o benefício de todos". O documento começava com uma discussão da globalização – seus desafios e também seus benefícios. Os líderes reconheciam que a globalização cria dificuldades para alguns grupos e, então, escreveram:

---

2 Aqueles que torcem pela globalização às vezes também angariam estranhos aliados. Considere, por exemplo, a filosofia de uma organização chamada Global Awareness Society International: "A globalização possibilitou o que antes era apenas uma visão: as pessoas do nosso mundo unidas sob o teto de uma Aldeia Global".

3 Ver também Kapstein (1996) e Vernon (no prelo). Kapstein argumenta que uma reação negativa por parte dos trabalhadores é provável, a menos que os formuladores de políticas assumam um papel mais ativo na administração de suas economias. Vernon declara que podemos estar no limiar de uma reação global contra o papel penetrante das empresas multinacionais.

Em um mundo cada vez mais interdependente devemos todos reconhecer que temos um interesse em disseminar os benefícios do crescimento econômico o mais amplamente possível e em diminuir o risco de excluir indivíduos ou grupos em nossas próprias economias ou de excluir alguns países ou regiões dos benefícios da globalização.

Mas como esses objetivos serão atingidos?

Uma resposta política adequada requer um entendimento das fontes das tensões geradas pela globalização. Sem esse entendimento, é provável que as reações sejam de dois tipos. Um deles é o tipo automático, com propostas de cura piores que a doença. Esse certamente é o caso do protecionismo abrangente ao estilo de Patrick Buchanan ou da abolição da OMC ao estilo de sir James Goldsmith. Na verdade, grande parte do que passa como análise (seguido da condenação) do comércio internacional se baseia em uma lógica defeituosa e em um empirismo equivocado.[4] Parafraseando Paul Samuelson, não há melhor prova de que o princípio da vantagem comparativa é a única proposição na economia, que é ao mesmo tempo verdadeira *e* não trivial, do que a longa história de más interpretações que têm sido vinculadas às consequências do comércio. Os problemas, embora reais, são mais sutis do que a terminologia que passou a dominar o debate, como, por exemplo, "concorrência de baixos salários", "criar condições de igualdade" ou "nivelamento por baixo". Consequentemente, eles requerem soluções matizadas e criativas.

A outra resposta possível, e a única que talvez caracterize melhor a atitude de grande parte da comunidade econômica e política, é minimizar o problema. A abordagem padrão dos eco-

---

4 Jagdish Bhagwati e Paul Krugman são dois economistas que têm sido incansáveis na exposição das falácias comuns nas discussões sobre o comércio internacional. Ver, em particular, Bhagwati (1988) e Krugman (1996).

A globalização foi longe demais?

nomistas à globalização é enfatizar os benefícios do fluxo livre dos bens, do capital e das ideias, e supervisionar as tensões que deles podem resultar.[5] Uma visão comum é que as queixas das organizações não governamentais ou de defesa dos trabalhadores representam apenas o velho vinho protecionista colocado em novas garrafas. As pesquisas recentes sobre o comércio e os salários enfatizam essa visão: as evidências empíricas disponíveis sugerem que o comércio tem desempenhado um papel um pouco menor na geração dos males do mercado de trabalho dos países industrializados avançados – ou seja, na crescente desigualdade de renda nos Estados Unidos e do desemprego na Europa.[6]

Embora eu compartilhe da ideia de que grande parte da oposição ao comércio é baseada em premissas falsas, também acredito que os economistas tendem a assumir uma visão excessivamente estreita das questões. Para entender o impacto da globalização nos arranjos sociais domésticos temos de ir além da questão do prêmio que o comércio concede à qualificação especial. E, mesmo que nos concentremos mais estritamente nos resultados do mercado de trabalho, há canais adicionais que ainda não foram submetidos a um escrutínio empírico detalhado, por meio dos quais a integração econômica aumentada age em detrimento da mão de obra, e particularmente da mão de obra não qualificada. Como veremos, essa perspectiva conduz a uma visão menos benigna do que aquela comumente adotada pelos economistas. Um benefício adicional, portanto, é o fato de ela servir para reduzir a imensa lacuna que separa as visões de muitos economistas das intuições de muitos leigos.

---

5 Quando menciono "economistas" aqui, estou, é claro, me referindo à economia prevalecente, representada pelos economistas neoclássicos (entre os quais eu me coloco).

6 Cline (1997) apresenta uma excelente revisão da literatura. Ver também Collins (1996).

Fontes de tensão

Eu me concentro em três fontes de tensão entre o mercado global e a estabilidade social e apresento aqui uma breve visão geral delas.

Em primeiro lugar, barreiras reduzidas ao comércio e ao investimento acentuam a assimetria entre os grupos que podem cruzar as fronteiras internacionais (quer direta ou indiretamente, por exemplo, por meio da terceirização)[7] e aqueles que não podem fazê-lo. Na primeira categoria estão os donos do capital, os trabalhadores altamente especializados e muitos profissionais que são livres para levar seus recursos para onde haja maior demanda. Os trabalhadores não especializados e semiespecializados, assim como a maioria dos administradores medianos, ficam na segunda categoria. Colocando o mesmo ponto em termos mais técnicos, a globalização torna a demanda dos serviços dos indivíduos da segunda categoria *mais elástica* – ou seja, os serviços de grandes segmentos da população trabalhadora podem ser mais facilmente substituídos pelos serviços de outras pessoas fora das fronteiras nacionais. Por isso, a globalização transforma fundamentalmente as relações de trabalho.

O fato de os "trabalhadores" poderem ser mais facilmente substituídos entre si fora das fronteiras nacionais destrói o que muitos entendem como sendo uma barganha social pós-guerra entre trabalhadores e patrões, sob a qual os primeiros receberiam um aumento constante nos salários e nos benefícios em troca da paz no trabalho. Isso porque o aumento na possibilidade de substituição resulta nas seguintes consequências concretas:

- Os trabalhadores agora têm de pagar uma parcela maior do custo das melhorias nas condições de trabalho e nos

---

7 A terceirização refere-se à prática das companhias de subcontratar parte do processo de produção – tipicamente as partes de mão de obra mais intensiva e menos qualificada – em firmas de outros países com custos menores.

A globalização foi longe demais?

benefícios (isto é, eles arcam com uma maior incidência dos encargos não salariais).

- Eles têm de suportar maior instabilidade nos ganhos e nas horas trabalhadas em resposta aos abalos na demanda de mão de obra ou na produtividade do trabalhador (ou seja, aumenta a volatilidade e a insegurança).

- Seu poder de barganha é corroído e por isso eles recebem salários e benefícios menores sempre que a barganha for um elemento no estabelecimento dos termos do emprego.

Essas considerações têm recebido atenção insuficiente na literatura acadêmica recente sobre o comércio e os salários, que tem se concentrado mais no deslocamento descendente na demanda por trabalhadores não especializados do que no aumento da elasticidade dessa demanda.

Em segundo lugar, a globalização engendra conflito dentro e entre as nações com relação às normas domésticas e às instituições sociais que as incorporam. À medida que a tecnologia para produtos manufaturados passou a se tornar padronizada e internacionalmente difundida, as nações com conjuntos de valores, normas, instituições e preferências coletivas muito diferentes começaram a competir diretamente nos mercados por produtos similares. E a disseminação da globalização cria oportunidades para o comércio entre países com níveis muito diferentes de desenvolvimento.

Isso não ocorre sem consequências sob a política de comércio multilateral tradicional da OMC e do Acordo Geral de Tarifas e Comércio (Gatt); o "processo" ou a "tecnologia" por meio da qual os produtos são produzidos é imaterial, assim como as instituições sociais dos parceiros comerciais. As diferenças nas práticas nacionais são tratadas apenas como diferenças nas dotações de fatores ou em qualquer outro determinante de vantagem comparativa. Entretanto, a introspecção e a evidência empírica revelam que a maioria das pessoas atribui tanto valores quanto resultados aos processos. Isso está refletido nas normas que moldam e restringem o ambiente doméstico em que os bens e serviços são produzidos – por exemplo, práticas no local de trabalho, regras legais e redes de segurança social.

O comércio torna-se contencioso quando libera forças que destroem as normas implícitas nas práticas domésticas. Muitos residentes dos países industriais avançados estão se sentindo desconfortáveis com o enfraquecimento das instituições domésticas pelas forças do comércio, como quando, por exemplo, o trabalho infantil em Honduras provoca a demissão de trabalhadores na Carolina do Sul, ou quando os benefícios de pensões são cortados na Europa em resposta às exigências do Tratado de Maastricht. Essa sensação de desconforto é uma maneira de interpretar as demandas de "comércio justo". Grande parte da discussão em torno das "novas" questões na política comercial – ou seja, normas trabalhistas, meio ambiente, política de competição, corrupção – pode ser lançada nessa luz de justiça nos procedimentos.

Não conseguiremos entender o que está acontecendo nessas novas áreas enquanto não considerarmos seriamente as preferências individuais pelos processos e os arranjos sociais que as incorporam. Em particular, fazendo isso poderemos começar a extrair sentido do desconforto das pessoas em relação às consequências da integração econômica internacional e evitar a armadilha de condenar automaticamente todos os grupos envolvidos como protecionistas egoístas. Na verdade, como a política comercial quase sempre tem consequências redistributivas (entre os setores, os grupos de renda e os indivíduos), não se pode produzir uma defesa justa do livre-comércio sem confrontar a questão da justiça e da legitimidade das práticas que geram essas consequências. Do mesmo modo, não se pode esperar um amplo apoio popular para o comércio quando este envolve trocas que colidem com (e corroem) os arranjos sociais domésticos prevalecentes.

Em terceiro lugar, a globalização tornou excessivamente difícil para os governantes proporcionarem seguro social – uma

A globalização foi longe demais?

de suas funções primordiais e aquela que ajudou a manter a coesão social e o apoio político interno à liberalização contínua durante todo o período pós-guerra. Em essência, os governos têm usado seus poderes fiscais para isolar os grupos internos dos riscos excessivos do mercado, particularmente daqueles que têm uma origem externa. Na verdade, há uma notável correlação entre uma exposição da economia ao comércio internacional e o tamanho da sua previdência social. Foi nos países mais abertos, como Suécia, Dinamarca e Holanda, que mais se expandiram os gastos nas transferências de renda. Isso não significa que o governo seja o único – ou o melhor – provedor de seguro social. A família ampliada, os grupos religiosos e as comunidades locais com frequência desempenham papéis similares. Minha opinião é que um marco do período do pós-guerra foi a expectativa de que os governos dos países avançados proporcionassem esse seguro.

Atualmente, no entanto, a integração econômica internacional está se colocando em contraposição ao pano de fundo de governos que se encolhem e à redução das obrigações sociais. A previdência social tem sido alvo de ataque há duas décadas. Além disso, a crescente mobilidade do capital tornou-se um segmento importante da flexibilidade tributária, deixando os governos com a opção não palatável de impor impostos desproporcionais à renda do trabalhador. Entretanto, a necessidade de seguro social para a grande maioria da população que permanece internacionalmente imóvel não diminuiu. Ao contrário, essa necessidade tem se tornado cada vez maior como consequência da integração aumentada. Por isso, a questão é como a tensão entre a globalização e as pressões pela socialização do risco pode ser aliviada. Se a tensão não for tratada de uma maneira inteligente e criativa, o perigo é que o consenso interno a favor dos mercados abertos finalmente se destrua a ponto de um ressurgimento generalizado do protecionismo se tornar uma séria possibilidade.

Cada um desses argumentos aponta para uma importante fraqueza na maneira em que as sociedades avançadas estão lidando – ou estão equipadas para lidar – com as consequências da globalização. Coletivamente, eles apontam para o que talvez seja o maior risco de todos, isto é, que a consequência cumulativa das tensões acima mencionadas seja a solidificação de um novo conjunto de divisões de classe – entre aquelas que prosperam na economia globalizada e aquelas que não prosperam, entre aquelas que compartilham seus valores e aquelas que não os compartilham, e entre aquelas que podem diversificar seus riscos e aquelas que não conseguem fazê-lo. Essa não é uma perspectiva agradável, mesmo para os indivíduos que estão no lado vencedor da divisão e que têm pouca empatia pelo outro lado. A desintegração social não é um esporte com expectadores – aqueles que estão fora das quatro linhas também são salpicados pela lama do campo. Finalmente, o aprofundamento das fissuras sociais pode prejudicar a todos.

Figura 1 Japão, Estados Unidos e Europa Ocidental: exportações de mercadorias como uma parcela do PIB, 1870-1992

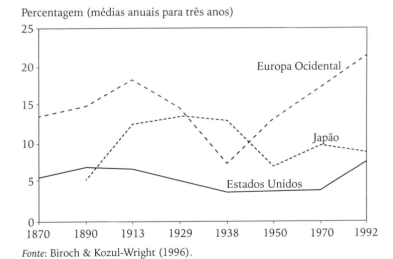

Fonte: Biroch & Kozul-Wright (1996).

Globalização: de tempos em tempos

Essa não é a primeira vez que experimentamos um mercado realmente global. Por muitas medidas, a economia mundial esteve possivelmente até mais integrada no apogeu do padrão ouro do final do século XIX do que está agora. A Figura 1 apresenta a proporção das exportações em relação à renda nacional para os Estados Unidos, a Europa Ocidental e o Japão desde 1870. Nos Estados Unidos e na Europa, os volumes comerciais atingiram seu pico antes da Primeira Guerra Mundial, e depois entraram em colapso durante o intervalo entre as duas guerras mundiais. O comércio tornou a florescer após 1950, mas nenhuma das três regiões está significativamente mais aberta agora para essa medida do que esteve durante o antigo padrão ouro. O Japão, na verdade, tem agora uma parcela menor das exportações no PIB do que teve durante o período entre as duas guerras mundiais.

Outras medidas da integração econômica global contam uma história similar. Quando as ferrovias e os navios a vapor baixaram o custo do transporte e a Europa partiu para o livre-comércio no final do século XIX, ocorreu uma convergência dramática nos preços das *commodities* (Williamson, 1996). Os fluxos de mão de obra eram também consideravelmente mais altos na época, pois milhões de imigrantes partiram do Velho para o Novo Mundo. Nos Estados Unidos, a imigração foi responsável por 24% da expansão da força de trabalho durante os 40 anos anteriores à Primeira Guerra Mundial (Williamson, 1996, apêndice, tabela 1). Quanto à mobilidade do capital, a parcela dos fluxos de capital líquido no PIB foi muito mais elevada no Reino Unido durante o padrão ouro clássico do que de lá para cá.

Será que esse período anterior de globalização tem algumas lições a dar à nossa situação atual? Pode muito bem ter. Por exemplo, há algumas evidências de que o comércio e a imigração tiveram consequências importantes para a distribuição de renda. Segundo Jeffrey Williamson (1996, p.19), "A globalização [...]

foi responsável por mais da metade da crescente desigualdade nos países ricos com mão de obra escassa [por exemplo, Estados Unidos, Argentina e Austrália] e por um pouco mais de um quarto da desigualdade declinante em países pobres com mão de obra abundante [por exemplo, Suécia, Dinamarca e Irlanda]" no período anterior à Primeira Guerra Mundial. Igualmente pertinentes são as consequências políticas dessas mudanças:

> Há uma literatura com quase um século de idade que declara que a imigração feriu a mão de obra norte-americana e foi responsável por grande parte da desigualdade da década de 1890 até a Primeira Guerra Mundial, tanto que um Congresso simpático à causa trabalhista aprovou cotas de imigração. Há uma literatura ainda mais antiga que declara que uma invasão de grãos do Novo Mundo diminuiu de tal modo os arrendamentos de terra na Europa que os parlamentos continentais dominados por proprietários de terras elevaram as tarifas para ajudar a protegê-los do impacto da globalização. (Williamson, 1996, p.1)

Williamson (1996, p.20) conclui que "as tendências para a desigualdade produzidas pela globalização são pelo menos parcialmente responsáveis pela fuga da globalização entre as duas guerras mundiais [que surgiu] primeiro nos parceiros comerciais industriais ricos".

Além disso, há algumas diferenças fundamentais que tornam mais contenciosa a economia global atual. Em primeiro lugar, as restrições à imigração não eram tão comuns durante o século XIX e, consequentemente, a mobilidade internacional da mão de obra foi mais comparável àquela do capital. Por isso, a assimetria entre o capital móvel (físico e humano) e a mão de obra "natural", "imóvel", que caracteriza a situação presente, é um fenômeno relativamente recente. Em segundo lugar, houve pouca competição internacional direta em produtos idênticos ou similares durante o século XIX, e a maior parte do comércio consistia no intercâmbio

A globalização foi longe demais?

de produtos não concorrentes, como produtos primários por bens manufaturados. As relações comerciais agregadas não refletem o "grande aumento na exposição de indústrias de bens comercializáveis à competição internacional" que está ocorrendo agora em comparação com a situação na década de 1890 (Irwin, 1996, p.42). Em terceiro lugar, e talvez o mais importante, os governos ainda não foram convocados a desempenhar funções de previdência social em larga escala, como assegurar níveis de emprego adequados, estabelecer redes de segurança social, proporcionar seguros médicos e sociais e cuidar dos pobres. Essa mudança na percepção do papel do governo é também uma transformação relativamente recente, que faz a vida, em uma economia interdependente, consideravelmente mais difícil para os legisladores atuais.

Seja como for, a lição da história parece ser que a globalização continuada não pode ser dada como certa. Se suas consequências não forem tratadas de maneira inteligente e criativa, um retraimento da abertura torna-se uma clara possibilidade.

Implicações

Então, será que a integração econômica internacional foi longe demais? Não, se os formuladores de políticas agirem de maneira inteligente e criativa.

Precisamos ser honestos com relação à irreversibilidade de muitas mudanças que ocorreram na economia global. Avanços nas comunicações e nos transportes significam que grandes segmentos das economias nacionais estão muito mais expostos ao comércio internacional e aos fluxos de capital do que jamais estiveram, independentemente do que os formuladores de políticas optem por fazer. Há apenas um escopo limitado para a política governamental fazer a diferença. Além disso, um sério recuo para o protecionismo feriria os muitos grupos que se beneficiam do comércio e resultaria no mesmo tipo de conflitos sociais que a própria globalização gera. Temos de reconhecer que erguer barreiras comerciais só ajudará em um conjunto limitado de circunstâncias, e que as políticas comerciais raramente serão a melhor resposta para o problema que será discutido aqui. Os programas de transferência e de seguro social em geral dominarão. Em resumo, o gênio não poderá mais ser aprisionado na garrafa, ainda que fosse desejável fazê-lo. Vamos precisar de respostas mais criativas e mais sutis. Vou sugerir algumas diretrizes no capítulo de conclusão.

Ainda assim, meu principal propósito neste livro não é prescritivo; é ampliar o debate sobre as consequências da globalização, aprofundando-me mais em algumas das dimensões que têm recebido atenção insuficiente e fundamentalmente reformulando o debate de modo a facilitar um diálogo mais produtivo entre grupos e interesses opostos. Somente mediante um maior entendimento do que está em jogo poderemos esperar desenvolver políticas públicas apropriadas.

Uma nota introdutória final. Espero que o leitor logo compreenda que este livro não é um pronunciamento unilateral *contra* a globalização. Na verdade, o principal benefício de se esclarecer e adicionar rigor a alguns dos argumentos contra o comércio é que isso nos ajuda a fazer uma distinção entre objeções que são válidas (ou pelo menos logicamente coerentes) e objeções que não o são. Partindo dessa perspectiva, o que termino fazendo, pelo menos ocasionalmente, é fortalecer o arsenal de argumentos em prol do livre-comércio. Se esta obra for encarada como controversa, terá cumprido o seu papel; terei falhado se ela for percebida como polêmica.

Os capítulos que se seguem irão desenvolver as três fontes de tensão entre a globalização e a sociedade acima identificadas e examinar as evidências empíricas relevantes. Os objetivos serão colocar o debate de tal modo que ambos os lados – economistas e populistas – possam se unir, juntar evidências sobre a provável significância da tensão em questão e, onde houver evidência de preocupação séria, abrir o debate sobre as soluções possíveis.

2
Consequências do comércio para mercados de trabalho e as relações de trabalho

Desde a segunda metade da década de 1970, os mercados de trabalho dos Estados Unidos e da Europa Ocidental vêm tendo um péssimo desempenho no que se refere aos grupos menos qualificados. Como declarou um renomado economista do trabalho, "um desastre econômico se abateu sobre os norte-americanos menos qualificados". (Freeman, 1996a, p.2)

O desastre tem dois ingredientes de reforço. Um deles é o aumento salarial para o trabalho qualificado, que encontra expressão em uma erosão dos ganhos reais daqueles que abandonaram os estudos no segundo grau: os salários horários reais dos rapazes com doze anos ou menos de escolaridade caíram mais de 20% nas duas últimas décadas. O segundo ingrediente é um aumento significativo na instabilidade e insegurança do mercado de trabalho, encontrando expressão em uma maior volatilidade de curto prazo nos ganhos e nas horas trabalhadas e um aumento na desigualdade *dentro* dos grupos de habilidades. Os trabalhadores menos qualificados carregam o fardo dessa instabilidade. Os índices de perda de emprego também estão em alta, mas aparentemente o aumento está menos concentrado na extremidade inferior da distribuição dos ganhos. A ansiedade e a insegurança que essas tendências geram estão refletidas nas pesquisas de opinião.[1] Enquanto isso, na Europa continental os salários reais aumentaram na extremidade inferior da distribuição das qualificações, mas à custa de um aumento significativo do desemprego, especialmente no que se refere aos Estados Unidos (Freeman, 1996a). Em suma, nem os Estados Unidos nem a Europa conseguiram gerar um crescimento constante de "bons empregos".

A situação conturbada dos mercados de trabalho nas economias industriais avançadas conduziu muitos grupos influentes da sociedade – formuladores de políticas, advogados trabalhistas e especialistas em geral – a vincular esses males diretamente à globalização. Esses grupos têm alegado que a competição intensificada dos países de baixos salários, tanto como fontes de importações quanto como anfitriões de investidores estrangeiros, é em grande parte responsável pela deterioração dos destinos dos trabalhadores pouco qualificados. Por outro lado, a maioria dos economistas especializados em comércio tem declarado que, embora o comércio com os países de baixos salários possa ter contribuído para as tendências anteriormente descritas, esse comércio ainda é pequeno demais para ter um efeito significativo nos resultados do mercado de trabalho no Norte. Esses economistas preferem colocar a maior parcela de culpa na mudança tecnológica que privilegia as especializações, o que supostamente reduziu a demanda por trabalhadores menos qualificados.

Ironicamente, eximindo o comércio de qualquer responsabilidade significante pelo desconforto nos mercados de trabalho dos

---

1 Levy (1966) examina algumas pesquisas recentes e avalia que os entrevistados são tipicamente mais positivos em relação às suas situações pessoais do que em relação à economia em geral. Também encontra consideráveis nervosismo e pessimismo quanto ao futuro.

A globalização foi longe demais?

países industrializados, os economistas tomaram um curso que se ajusta desconfortavelmente à sua fé nos benefícios do livre-comércio. Um pilar da teoria comercial tradicional é que o comércio com países de mão de obra abundante reduz os salários reais nos países ricos – ou aumenta o desemprego se os salários forem fixados artificialmente. Na verdade, no modelo padrão das dotações de fatores, o comércio cria ganhos para as nações precisamente alterando a relativa escassez doméstica de fatores de produção como a mão de obra. Por isso, dizer que o impacto da globalização nos mercados de trabalho dos países avançados é quantitativamente menor no mundo real, e superado por outros fenômenos (como a mudança tecnológica), não é diferente de dizer que os ganhos provenientes do comércio têm sido pequenos na prática. Inversamente, se acreditamos que o comércio expandido foi uma fonte de muitas das coisas boas que as economias industrializadas avançadas experimentaram nas últimas décadas, somos forçados a presumir que o comércio teve também muitas das consequências negativas que seus oponentes têm alegado.

Este capítulo se concentra em dois canais por meio dos quais a globalização afeta os mercados de trabalho no Norte. O primeiro deles, e aquele que tem sido mais extensivamente examinado na literatura, é o efeito da globalização sobre as demandas relativas por trabalhadores qualificados e não qualificados. Como os países em desenvolvimento tendem a exportar produtos que fazem um uso relativamente intensivo de mão de obra não qualificada, o comércio com esses países desaloja a produção de mão de obra intensiva não qualificada nos Estados Unidos e na Europa Ocidental e, desse modo, reduz a demanda de mão de obra não qualificada nesses locais. Em termos técnicos, o comércio resulta em um *deslocamento interno* na curva da demanda por mão de obra não qualificada nesses países avançados.

O segundo canal tem a ver com a maior facilidade com que os trabalhadores locais, particularmente aqueles do tipo não qualificado, podem ser substituídos por outros trabalhadores além das fronteiras nacionais, quer por meio do comércio (terceirização), quer por meio do investimento estrangeiro direto (*foreign direct investment* – FDI). Usando mais uma vez os termos técnicos, o comércio *achata* a curva da demanda por mão de obra local e aumenta a elasticidade da demanda por mão de obra – isto é, o comércio aumenta o grau em que os empregadores podem reagir às mudanças nos salários prevalecentes terceirizando ou investindo no estrangeiro. Considerados juntos, um deslocamento interno e um achatamento das curvas de demanda por trabalhadores não qualificados reduzem os ganhos médios dos trabalhadores não qualificados e aumentam tanto a dispersão dos ganhos entre esses trabalhadores, quanto a volatilidade nos salários e as horas trabalhadas. Isso pode explicar por que a vida se tornou mais precária, e a insegurança maior, para vastos segmentos da população trabalhadora.

Consequências do comércio com países que têm abundante mão de obra não qualificada

Entre os muitos possíveis efeitos que a globalização pode ter sobre os mercados de trabalho, a relação entre o comércio com os países em desenvolvimento e a ascensão na premiação da especialização tem sido o tema de mais extensivo escrutínio dos economistas (entre os principais estudos estão Borjas; Freeman; Katz, 1992; Lawrence; Slaughter, 1993; Wood, 1994; Sachs; Shatz, 1994; Leamer, 1996). Há também várias pesquisas e avaliações úteis da literatura (Wood, 1995; Richardson, 1995; Freeman, 1996a; Cline, 1997).

O motivo de essa questão receber tanta atenção é que há sólidas razões teóricas para se acreditar que a exposição aumentada ao comércio com países de baixa renda vai ampliar a premiação da especialização nos países avançados. Essa implicação parte diretamente da teoria predominante do comércio internacional:

o modelo de dotações de fatores de Heckscher-Ohlin-Samuelson. Considere um país que é bem provido de trabalhadores qualificados, como os Estados Unidos. Suponha que de repente se torna possível para esse país comercializar com outro país que seja bem provido de trabalhadores não qualificados, digamos a China, porque esta, por exemplo, liberaliza o seu regime comercial e por isso se torna um participante ativo do comércio internacional. Naturalmente, a China vai exportar produtos intensamente produzidos por mão de obra não qualificada para o mercado norte-americano e, em troca, importar produtos intensamente produzidos por mão de obra altamente qualificada. Segundo a teoria, na medida em que as exportações chinesas substituírem parte da produção doméstica nos Estados Unidos, isso vai resultar em uma queda na demanda relativa por trabalhadores não qualificados nos Estados Unidos, em comparação com a demanda por trabalhadores qualificados. Isso, por sua vez, vai aumentar a premiação da especialização nos Estados Unidos (e reduzi-la na China). Todo estudante de teoria do comércio aprendeu alguma versão dessa teoria básica.

Por isso os estudos empíricos têm se concentrado na questão: quanto o comércio reduziu a demanda por mão de obra não qualificada nos países desenvolvidos? A conclusão em geral tem sido "um pouco, mas não totalmente". Como disse Krugman (1995, p.2-3):

> Provavelmente é justo dizer [...] que a opinião da maioria dos analistas econômicos sérios é que o comércio internacional teve apenas um impacto limitado sobre os salários. O ceticismo a respeito dos efeitos do comércio sobre os salários baseia-se essencialmente na observação de que, apesar do seu crescimento, o comércio ainda é bastante pequeno em comparação com as economias dos países avançados. Em particular, as importações de produtos manufaturados dos países em desenvolvimento serão apenas cerca de 2% do PIB combinado da OCD. A sabedoria convencional é que

fluxos comerciais dessa magnitude limitada não podem explicar as mudanças muito grandes nos preços relativos dos fatores que têm ocorrido – em particular, o aumento de cerca de 30% na premiação salarial associado a uma educação universitária que vem ocorrendo nos Estados Unidos desde a década de 1970.

Por isso, uma razão de os modelos empíricos produzirem poucos efeitos é o fato de os fluxos relevantes do comércio serem pequenos. Observe que o dado de 2% de Krugman se refere apenas ao comércio com os países em desenvolvimento. A razão de esse número ser relevante nesse contexto é que, de acordo com o modelo de Heckscher-Ohlin, somente o comércio com países que diferem em suas dotações de fatores relativas (por exemplo, mão de obra não qualificada *versus* mão de obra qualificada) deve se preocupar com os salários relativos. Assim sendo, supõe-se que a maior parte do comércio que ocorre *entre* os países industrializados com dotações de fatores similares não tem efeito sobre os mercados de trabalho e, portanto, não entra na análise empírica de qualquer maneira significativa. Como vou detalhar a seguir, essa suposição é uma razão importante de as metodologias existentes terem subestimado o efeito do comércio sobre os mercados de trabalho.

Entretanto, até mesmo nos confins dessa abordagem limitada podem ser geradas estimativas muito maiores considerando o papel da imigração de países com mão de obra não qualificada, com o comércio. Borjas, Freeman e Katz (1992) assim procedem com relação aos Estados Unidos, calculando em conjunto o conteúdo de fator dos fluxos do comércio e da imigração. Usando estimativas razoáveis da elasticidade da substituição entre trabalhadores qualificados e não qualificados, esses autores concluem que cerca de 40% do diferencial salarial aumentado entre aqueles que abandonaram a escola no segundo grau e os outros trabalhadores podem ser atribuídos a essas duas forças em ação.

Uma segunda razão pela qual muitos economistas do comércio têm ignorado o efeito do comércio – com resultados como aqueles de Borjas, Freeman e Katz (1992) – é que o mecanismo anteriormente delineado deve operar por meio dos preços do produto. No modelo canônico das dotações de fatores, a premiação da especialização *só* pode aumentar se houver uma queda correspondente no preço relativo dos produtos produzidos por mão de obra não qualificada. Como tem sido difícil documentar mudanças significativas nesse preço relativo para a década de 1980, durante a qual ocorreu a maioria dos efeitos salariais, a conclusão tem sido de que nem o comércio nem a imigração poderiam ter desempenhado um papel significante (Bhagwati, 1992; Lawrence; Slaughter, 1993).

Saindo da teoria de Heckscher-Ohlin, é possível gerar canais adicionais mediante os quais o comércio com os países em desenvolvimento amplia a premiação da especialização. Wood (1994), por exemplo, defende um papel muito maior para o comércio tendo por base duas suposições fundamentais. A primeira é que a competição das importações desativou muitas atividades que requeriam intensiva mão de obra não especializada, que do contrário permaneceria ativa nos países avançados. Por isso, os cálculos do conteúdo de fator implicado no comércio que visam às proporções de fator existentes nas atividades remanescentes de competição das importações subestimam a redução na demanda por trabalhadores não qualificados como uma consequência do comércio. Em segundo lugar, ele assume que a competição das importações do Sul induziu a mudança tecnológica que economiza mão de obra no Norte. Pelo menos algumas das mudanças tecnológicas a que muitos economistas do comércio têm atribuído à ascensão da premiação da especialização poderiam ser causadas pelo próprio comércio.

Borjas e Ramey (1995) se concentram na participação da mão de obra na rentabilidade de algumas indústrias imperfeitamente competitivas (isto é, aquelas que desfrutam do poder de mercado). Em sua história, a penetração das importações nas indústrias de bens duráveis, desacompanhada de aumento nas exportações, resulta em uma maior premiação da especialização:

> A maioria dos trabalhadores na manufatura de bens duráveis são indivíduos que abandonaram os estudos no segundo grau ou com diploma de segundo grau. Esses trabalhadores tendem a participar da rentabilidade em sua indústria na forma de bonificações salariais; os trabalhadores das indústrias com maiores rentabilidades ganham uma bonificação maior. Quando as empresas estrangeiras entram nos mercados (doméstico ou estrangeiro) em que as empresas domésticas têm um poder de mercado substancial, elas captam a rentabilidade que, do contrário, iria para a indústria doméstica. Essa entrada aumenta de duas maneiras o salário relativo dos trabalhadores com diploma de segundo grau. Primeiro, porque, visto que a rentabilidade das empresas internas caiu, a bonificação salarial dos trabalhadores que permaneceram nessas indústrias diminui. Segundo, porque na medida em que a competição estrangeira reduz o emprego nas indústrias concentradas, muitos dos trabalhadores precisam se deslocar para os setores competitivos da economia com menor remuneração. Em geral, o salário dos trabalhadores com menos instrução cai em relação àquele dos trabalhadores com diploma universitário. (Borjas e Ramey, 1995, p.1080)

Borjas e Ramey (1995, p.1078) sugerem que o declínio no emprego nessas indústrias pode ser responsável por até 23% da mudança na desigualdade salarial. Essa conclusão foi contestada por Lawrence (1996, capítulo 4), que declara não haver evidência de um declínio no diferencial salarial entre os setores com alto salário e baixo salário, e que o comércio pode na verdade ter impulsionado os trabalhadores para os setores de alta rentabilidade (que, nos Estados Unidos, tendem a ser os produtos exportáveis).

As reviravoltas desse debate foram bem apresentadas por Cline (1997), que examina e avalia criticamente esses e outros

A globalização foi longe demais?

estudos empíricos. Como tenho pouca coisa nova a contribuir para esse debate em particular, satisfaço-me em citar a própria conclusão de Cline (1997, p.177): "Minha própria estimativa é que as influências internacionais contribuíram em cerca de 20% para o aumento da desigualdade salarial na década de 1980". Como ele observa, isso está na extremidade superior da faixa de 10% a 20% com a qual a maioria dos economistas do comércio se contentaria.

Entretanto, independente de se tomar 10% ou 20% como o número mais realista, alguns pontos de elaboração se fazem necessários. Como já declarei, esse número foi gerado considerando-se uma redução muito limitada nas questões, um ponto que será ampliado na próxima seção. Em segundo lugar, em certo sentido, nem 10% nem 20% são realmente um número pequeno. A economia é notoriamente ruim em quantificar forças que a maioria das pessoas acredita serem muito importantes. Por exemplo, nenhum modelo amplamente aceito atribui à liberalização do comércio no pós-guerra mais que uma fração muito minúscula da prosperidade aumentada dos países industrializados avançados. Entretanto, a maioria dos economistas acredita que a expansão do comércio foi muito importante nesse progresso.

A evidência empírica para o que é o principal antagonista de uma causa alternativa da crescente desigualdade salarial – a mudança tecnológica em favor de uma mão de obra qualificada – está longe de ser esmagadora.[2] Observe, além disso, que é difícil tratar a mudança tecnológica como sendo totalmente *independente* do comércio. O comércio pode atuar como um canal para a tecnologia e criar pressões para a mudança tecnológica. Quando Rubert Murdoch segue um impulso de compra global e substitui os trabalhadores por máquinas em todos os jornais que adquire, não está de modo algum claro que as pressões resultantes no

---

2 Talvez o trabalho mais convincente sobre esse registro seja o de Berman; Machin; Bound (1996).

mercado de trabalho devam ser atribuídas mais à mudança tecnológica do que à globalização.[3] Então, quando os economistas dizem que o efeito do comércio é "pequeno", eles certamente não estão dizendo que ele é pequeno em relação a alguma outra causa que realmente identificaram. Por esse motivo, declarações do tipo "o comércio teve uma importância secundária em comparação com a mudança técnica" são imprecisas.

Consequências de uma demanda mais elástica por trabalhadores

Em uma economia mais aberta para o comércio e o investimento estrangeiros, a demanda por mão de obra geralmente responderá mais a mudanças no preço da mão de obra, ou será mais elástica. A razão disso é que os empregadores e os consumidores finais podem substituir mais facilmente os trabalhadores locais por trabalhadores estrangeiros – quer investindo no estrangeiro ou importando produtos feitos por trabalhadores estrangeiros. Como a demanda por mão de obra é uma demanda *derivada*, que varia proporcionalmente com a elasticidade da demanda por produtos, a integração dos mercados de produtos por si só torna mais elástica a demanda por mão de obra doméstica (Richardson; Khripounova, 1996). A questão é colocada claramente pelo deputado trabalhista Thomas R. Donahue (citado no Ministério do Trabalho dos Estados Unidos, 1994, p.47): "O mundo se tornou um enorme bazar com as nações vendendo suas forças de trabalho em competição uma com a outra, oferecendo os preços mais baixos para realizar negócios. Os clientes, é claro, são as corporações multinacionais".

---

3 O exemplo de Murdoch foi dado por Eli Berman durante sua apresentação do trabalho de Berman; Machin; Bound (1996), no Institute of the National Bureau of Economic Research, Cambridge, MA.

A globalização foi longe demais?

No modelo de comércio padrão de Heckscher-Ohlin, a demanda por mão de obra doméstica é na verdade perfeitamente elástica (reagindo infinitamente às mudanças nos custos salariais) enquanto houver uma especialização incompleta, mesmo na ausência de investimento estrangeiro.[4] De maneira mais geral, a demanda por qualquer fator de produção (como a mão de obra) torna-se mais elástica quando outros fatores (como o capital) podem reagir às mudanças no ambiente econômico com maior facilidade (por exemplo, mudando-se para o estrangeiro).[5]

Um dos achados mais robustos da literatura empírica sobre o comércio é que a integração do comércio aumenta a elasticidade da demanda por produtos vista pelos produtores domésticos, um fato revelado por uma redução nas margens de preço e custo. Visto que, como mencionado anteriormente, a demanda por mão de obra é uma demanda derivada, com um vínculo direto entre as elasticidades da demanda do produto e dos mercados de trabalho, essa evidência tem uma relevância óbvia aqui. Em um estudo recente, Matthew Slaughter apresentou uma evidência ainda mais significativa. Slaughter (1996) documenta que a demanda por mão de obra produtiva nos Estados Unidos tornou-se mais elástica desde a década de 1960 na maioria das indústrias manufatureiras de dois dígitos e que a elasticidade da demanda por mão de obra tende a ser maior (em valores absolutos) nas indústrias que exibem maiores níveis de integração internacional. Similarmente, Richardson e Khripounova (1996) relatam uma duplicação da elasticidade transversal da demanda entre 1979 e 1991 para os trabalhadores da produção, mas (curio-

---

4 Ver Leamer (1996) para uma bela exposição.

5 Isto segue o princípio de Le Chatelier-Samuelson. Agradeço a Avinash Dixit por me lembrar da relevância desse princípio nesse contexto. O Apêndice A apresenta um modelo simples em que a elasticidade da demanda por mão de obra doméstica aumenta com a mobilidade internacional do capital físico.

samente) não para os trabalhadores não pertencentes à área da produção. Observe que as medidas de abertura relevantes nesse contexto não são os volumes do comércio ou do investimento, mas a *facilidade* com que as transações internacionais podem ser realizadas.

Embora grande parte disso seja bem reconhecido, suas implicações no funcionamento do mercado de trabalho não têm recebido muita atenção. Como notado anteriormente, a literatura econômica tem se concentrado em identificar até que ponto a curva da demanda por mão de obra não qualificada diminuiu, e não nas consequências do aumento na elasticidade dessa demanda. Concentrar-se nestas últimas é importante porque elas podem ser responsáveis por muitas das mudanças observadas no mercado de trabalho sem estarem acompanhadas por grandes mudanças nos fluxos do comércio e do investimento ou nos preços relativos dos produtos. Como foi observado na Introdução, o aumento na substituição dos trabalhadores não qualificados entre as fronteiras afeta três ingredientes fundamentais das relações de trabalho: a incidência dos custos não salariais, a volatilidade dos ganhos e das horas trabalhadas e a barganha no local de trabalho. Vou considerar um de cada vez.

Incidência

As oportunidades aumentadas de comércio e investimento tornaram mais difícil aos trabalhadores atingir um alto nível de padrões de trabalho e benefícios. Os custos das condições de trabalho melhoradas não podem mais ser compartilhados com os empregadores com a mesma facilidade que antes porque estes estão mais sensíveis às mudanças nesses custos. Quanto maior for essa elasticidade na demanda por mão de obra, mais elevada será a parcela desses custos que os próprios trabalhadores terão de arcar.

Figura 1 Efeito da abertura na distribuição dos custos dos padrões de mão de obra entre empregadores e trabalhadores

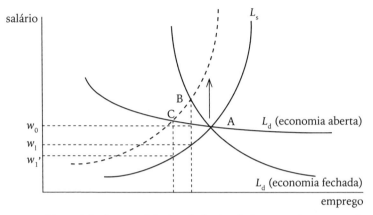

A imposição de um padrão de mão de obra desloca para cima a curva de suprimento de mão de obra (L_s). Em uma economia fechada, os salários caem de w_0 para w_1. Em uma economia aberta, os salários caem de w_0 para w_1'.

A questão pode ser analisada usando-se a estrutura de suprimento e demanda (Figura 1). O equilíbrio inicial do mercado de trabalho no Norte é representado pelo ponto A, com os salários em w_0. Agora considere as consequências de elevar os padrões de mão de obra – digamos, aumentando a segurança no local de trabalho. Da perspectiva dos empregadores, os padrões da mão de obra podem ser encarados como um imposto sobre o trabalho. O resultado é um deslocamento ascendente na curva de suprimento de mão de obra efetiva (L_s) por uma quantidade correspondente ao custo adicional (por trabalhador) de introduzir o padrão. No novo equilíbrio, como na usual análise da incidência do imposto, alguns custos adicionais serão arcados pelos empregadores e o restante, pelos trabalhadores. O que determina como esse custo é distribuído entre os empregadores e os trabalhadores é a elasticidade da demanda por mão de obra. Dois casos estão mostrados na figura – demanda por mão de obra (L_d) em uma economia aberta e em uma economia fechada.

Como mostra a Figura 1, quanto mais elástica for a demanda por mão de obra (representada pela curva mais achatada da demanda da economia aberta), maior a parcela do aumento do custo que os trabalhadores devem arcar: os salários caem de w_0 para w_1', em vez de w_0 para w_1. A redução do emprego na indústria afetada também é maior. Por isso, em uma economia mundial integrada, os padrões de mão de obra mais elevados custam mais aos trabalhadores em termos de salários e de empregos.

Isso está relacionado a uma queixa comum de que os baixos padrões de mão de obra nos países exportadores pressionam os países importadores a adotarem também padrões de mão de obra mais baixos. Este é o bem conhecido argumento do nivelamento por baixo, de acordo com o qual os trabalhadores do Norte terão de concordar com padrões suficientemente baixos para evitar que o capital volátil e os empregadores os desertem pelo Sul.

O argumento tem um apelo superficial, mas só está correto no sentido limitado de que a globalização altera a incidência dos custos não salariais. A posição contrária ao argumento do nivelamento por baixo foi muito bem colocada por Richard Freeman (1994a): qualquer país que deseje padrões de mão de obra mais elevados pode adquiri-los por sua própria conta, independentemente do nível dos padrões nos outros países, em uma das três maneiras seguintes. Primeiro, uma desvalorização da moeda pode ser usada para reduzir os custos domésticos em termos da moeda estrangeira, desse modo compensando a perda na competitividade. Segundo, pode haver um ajuste para baixo diretamente nos salários (o que é mais uma vez a questão da incidência). Terceiro, o governo pode arcar com o custo de padrões de mão de obra mais elevados, financiados mediante um aumento nos impostos. Se uma dessas abordagens ou uma combinação destas for adotada, a presença de exigência de padrões de trabalho não coloca em

A globalização foi longe demais?

risco a competitividade e os empregos nos países ricos. Não há necessidade de um nivelamento por baixo.

Entretanto, como mostra a análise da incidência, há um sentido em que a globalização torna o nivelamento por baixo uma possibilidade. Freeman está correto, é claro, em dizer que os padrões de mão de obra mais elevados podem ser mantidos se houver uma disposição de se pagar por eles. Entretanto, o que o aumento da abertura ao comércio e ao investimento estrangeiro faz é tornar mais difícil para os trabalhadores fazer com que outros grupos da sociedade, os empregadores em particular, compartilhem esses custos. Considere as três opções mencionadas anteriormente: desvalorização, taxação e cortes de salários. Enquanto os empregadores e os capitalistas tiverem a opção de se mover para (ou importar de) o estrangeiro, eles não podem ser induzidos a suportar um golpe em termos de ganhos reais descontados os impostos.[6] Por isso, a desvalorização só pode funcionar na medida em que resulte em um corte desproporcional nos salários reais levados para casa. O mesmo ocorre com a taxação. De uma maneira ou de outra, são os trabalhadores que devem pagar a maior parte dos custos.

Por conseguinte, a globalização dificulta a sustentação da barganha do pós-guerra sob a qual o pagamento e os benefícios dos trabalhadores melhoravam regularmente em troca de paz e lealdade no trabalho. Poderia ser argumentado que isso é apropriado na medida em que o que está em jogo são os padrões de *trabalho* e, consequentemente, uma melhora nas condições de trabalho. Os defensores trabalhistas, por sua vez, podem apontar que o aumento da integração econômica está destruindo a barganha implícita com os empregadores.

---

6 Na medida em que permanece caro mudar para o estrangeiro, os empregadores ainda arcarão com alguma parte do custo dos benefícios do trabalhador, mas em um grau menor do que antes.

Volatilidade

O achatamento das curvas de demanda de mão de obra como uma consequência da globalização resulta em maior instabilidade nos resultados do mercado de trabalho. Os impactos para a demanda de mão de obra – causados, por exemplo, por um aumento ou uma redução repentina na produtividade do trabalhador – resultam agora em uma volatilidade muito maior, tanto nos ganhos quanto nas horas trabalhadas. Isto é importante na medida em que pode ser diretamente responsável por parte da ampliação da desigualdade salarial desde finais da década de 1970, assim como pelo aumento da desigualdade *entre* os grupos de trabalhadores qualificados.

Figura 2 Efeito da abertura na reação do mercado de trabalho aos impactos

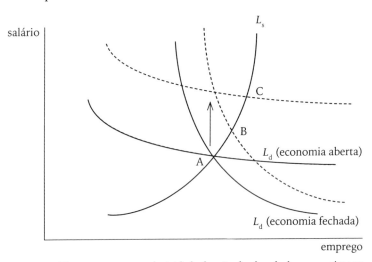

Um aumento na produtividade da mão de obra desloca para cima as curvas de demanda de mão de obra (L_d) tanto nas economias fechadas quanto nas economias abertas, mas o aumento nos salários e no emprego na economia aberta, representada pelo deslocamento do equilíbrio de A para C, é maior do que na economia fechada.

Consideremos mais uma vez a estrutura de suprimento e demanda (Figura 2). O equilíbrio inicial do mercado de trabalho em um país industrializado avançado é representado pelo ponto A. Duas curvas de demanda por mão de obra (L_d) são apresentadas para esse equilíbrio: uma para uma economia fechada e outra para uma economia aberta. A curva da demanda de mão de obra da economia aberta é a mais plana, a mais elástica. Considere, por exemplo, as consequências de um impacto exógeno para a demanda de mão de obra que uma mudança nos preços dos produtos ou na produtividade da mão de obra pode produzir. Como está traçado, o impacto é positivo, e por isso as duas curvas de demanda por mão de obra se deslocam ascendentemente em uma proporção igual. Para a economia fechada, o novo equilíbrio está no ponto B, e para a economia aberta, está no ponto C. Ou seja, há um aumento maior nos salários e no emprego na economia aberta do que na economia fechada. Inversamente, se o impacto da produtividade tivesse sido negativo, os salários e o emprego teriam descido em uma proporção maior na economia aberta. Em suma, a abertura amplia os efeitos dos impactos no mercado de trabalho.

Um aumento significativo na volatilidade nas condições do mercado de trabalho tem sido bem documentado nos Estados Unidos, fato que aparentemente também é responsável por uma parte importante na ascensão da desigualdade salarial. A Tabela 1 relata os achados de um estudo realizado por Gottschalk e Moffitt (1994). Ela mostra que algo entre um terço e a metade da ampliação da distribuição salarial dos anos 1970 até os 1980 pode ser atribuído ao aumento na variância de curto prazo nos ganhos (isto é, o aumento na variação média dos ganhos do trabalhador de ano a ano). Entre os dois períodos (1970-1978 e 1979-1987), a variância permanente dos ganhos anuais reais aumentou 41% (de 0,20 para 0,28), refletindo a dispersão nos ganhos permanentes. A variância transitória, que é mais ou menos a metade da variância permanente, aumentou em quase o mesmo percentual

Tabela 1 Efeito da instabilidade crescente nos ganhos e no emprego, 1970-1987.

	Variância permanente				Variância transitória			
	1970-78	1979-87	Mudança	% mudança	1970-78	1979-87	Mudança	% mudança
Ganhos anuais reais								
Amostra completa	0,201	0,284	0,083	41	0,104	0,148	0,044	42
Trabalhadores com menos de 12 anos de instrução	0,175	0,272	0,097	55	0,106	0,208	0,102	96
Registro do salário semanal	0,171	0,230	0,059	35	0,075	0,101	0,026	35
Registro das semanas trabalhadas	0,014	0,020	0,006	43	0,046	0,063	0,017	37

A globalização foi longe demais?

(42%). Isto indica que um terço do aumento da distribuição de ganhos mensurada resultou de um aumento na instabilidade dos ganhos. Além disso, o aumento na volatilidade de curto prazo quase duplicou para os grupos menos qualificados. (Ver os números para os trabalhadores com menos de 12 anos de instrução, para os quais a demanda presumivelmente se tornou a mais elástica.)

Evidências recentes analisadas por Farber (1996) também sugerem um aumento na insegurança no emprego na década de 1990 em comparação com a década de 1980. Farber percebeu, por exemplo, que o índice de perda de emprego em 1991-1993 (período com um mercado de trabalho oscilante, mas com uma recuperação modesta) foi até mais elevado do que aquele da severa recessão do início da década de 1980.[7] O aumento mais dramático nos índices de perda de emprego aparece para os gerentes e trabalhadores dos setores de vendas e administração, embora ainda sejam os artesãos, os técnicos e os operários que incorram nos índices mais elevados em toda parte. Por isso há indicações de que a contração estava produzindo consequências mensuráveis na segurança do emprego de gerentes de nível médio.[8] Farber (1996, p.33-34) resume da seguinte maneira seus achados:

> Os resultados são bastante claros. Os índices de perda de emprego estão em alta em relação ao padrão da última década. E o aumento não tem sido uniforme. Trabalhadores mais velhos e mais instruídos, embora continuando a ter índices de perda de emprego menores do que os trabalhadores mais jovens e menos instruí-

---

7 O índice de perda de emprego é definido grosseiramente como o número de trabalhadores que relatam ter perdido pelo menos um emprego durante o período, dividido pelo número de trabalhadores na categoria relevante.

8 Um relatório de 1996 do Council of Economic Advisers (1996) chega às mesmas conclusões que Farber.

dos, têm visto seus índices de perda de emprego aumentarem mais do que aqueles de outros grupos [...] Os custos da perda de emprego são dramáticos. Na data em que foi realizada a pesquisa, os trabalhadores demitidos tinham uma probabilidade substancial de não serem empregados após sua demissão (cerca de 36% em média).

Nem Farber, nem Gottschalk, nem Moffitt, analisam as causas dessas mudanças, e não as vinculam à globalização em particular. Mas os fatos que documentam são consistentes com um quadro de mercados de trabalho em que a maior abertura ao comércio interagindo com flutuações de curto prazo na demanda por mão de obra (ou produtividade do trabalhador) resultou em maiores desigualdades entre e dentro dos grupos mais qualificados e maior instabilidade nos salários e no emprego. Por isso é plausível que a profunda sensação de insegurança sentida pelos participantes do mercado de trabalho atual esteja relacionada ao fato de que a globalização tornou seus serviços muito mais facilmente substituíveis do que antes.

Um simples exercício numérico sugere que aumentos plausíveis na elasticidade da demanda por mão de obra pode na verdade ser responsável pela volatilidade observada nos mercados de trabalho norte-americanos. Como indica a Figura 2, a extensão em que os salários e o emprego se tornaram mais voláteis em resposta aos impactos na produtividade do trabalhador depende da elasticidade do suprimento de mão de obra e também do aumento na elasticidade da demanda por mão de obra. Suponha-se que as indústrias individuais enfrentem uma elasticidade de 1 no suprimento de mão de obra a curto e médio prazo. Suponha-se também que a globalização resultou em um aumento na elasticidade da demanda por mão de obra (mais uma vez no nível da indústria) de 0,5 para 0,75, o que não é uma mudança muito grande e está em concordância com os resultados de Slaugther (1996). Então pode-se calcular que o desvio padrão dos salários

A globalização foi longe demais?

e das horas trabalhadas no nível da indústria aumentaria 29%.[9] Esse número corresponde aos dados que estão na última coluna da Tabela 1, extraída de Gottschalk e Moffitt (1994). Bhagwati (1996, p.14-16) recentemente enfatizou outro canal relacionado por meio do qual a globalização pode ter agravado a insegurança no emprego. Ele declara que a integração econômica global tornou a competição mais volátil nos próprios mercados de produto:

> O que estamos enfrentando agora é uma realidade nova e constantemente invasiva, em que a natureza da vantagem comparativa está se tornando "fina", volátil, caleidoscópica [...] As margens da vantagem competitiva [...] tornaram-se mais finas: uma pequena mudança nos custos em algum lugar pode agora ser mortal para a sua competitividade.

Esse argumento complementa e reforça o argumento de que a globalização torna a curva da demanda por mão de obra mais elástica (sem qualquer mudança na volatilidade do mercado de produtos). Se, como declara Bhagwati, a globalização também aumenta a volatilidade nos mercados, os efeitos são ainda maiores.

Finalmente, a agitação elevada nos mercados de trabalho não apenas agrava a insegurança e a desigualdade nas categorias de especialização, mas pode também exercer uma pressão para baixo nos salários relativos dos trabalhadores menos instruídos como um todo e ampliar a premiação da especialização. Isso porque os trabalhadores menos instruídos se saem muito pior quando

---

9 Para ver isto, deixe k representar um índice de produtividade, w, os salários, l, as horas trabalhadas (todos expressados como mudanças percentuais) e ε e σ para as elasticidades da demanda de mão de obra e para o suprimento de mão de obra, respectivamente. Então, w e l podem ser expressos como $w = [\varepsilon/ (\sigma + \varepsilon)]\, k$ e $l = [\varepsilon\sigma/ (\sigma + \varepsilon)]\, k$. Fixando σ em 1, o aumento nos desvios padrão de w e l, quando ε vai de 0,5 para 0,75, pode ser calculado usando essas fórmulas.

são demitidos do que os trabalhadores mais instruídos. Eles experimentam ao mesmo tempo períodos de desemprego mais prolongados e maiores reduções salariais (em relação aos ganhos anteriores à demissão) por ocasião do reemprego. Farber (1996, p.23) declara que, "na data em que foi realizada a pesquisa, um trabalhador [demitido] com educação universitária tem uma probabilidade de cerca de dezoito pontos percentuais maior de ser empregado do que um trabalhador – em comparação com o contrário – com um diploma secundário". Seus resultados também sugerem que um indivíduo que abandonou a escola no segundo grau incorre em uma perda salarial maior em seu novo emprego do que um indivíduo demitido com o ensino superior completo (o diferencial é da ordem de sete pontos percentuais – ver Farber, 1996, Tabela 8). Uma razão para essas disparidades pode ser que as habilidades específicas do emprego constituem um componente maior dos ganhos para os trabalhadores com menor instrução do que para aqueles com diploma universitário (os últimos tendo qualificações educacionais que são transferíveis entre as firmas ou indústrias). Seja qual for a razão, a assimetria nos resultados do mercado de trabalho após a demissão é um canal adicional pelo qual a globalização, agindo via uma rotatividade aumentada do mercado de trabalho, pode contribuir para a desigualdade.[10]

Barganha

Como foi anteriormente mencionado, a maior possibilidade de substituição da mão de obra altera também a natureza da barganha entre trabalhadores e empregadores e contribui para o enfraquecimento dos sindicatos. Essa parte do quadro tem recebido uma atenção surpreendentemente pequena por parte da

---

10 Esse ponto foi cogitado pela primeira vez por Bhagwati; Dehejia (1994, p.56-57).

literatura acadêmica sobre comércio e salários, principalmente porque o foco tem se voltado tipicamente para os ambientes perfeitamente competitivos em que os salários são determinados nos mercados à vista.[11] Entretanto, há atualmente consideráveis evidências da presença de arrendamentos de mão de obra nas indústrias manufatureiras (ver em particular Katz; Summers, 1989; e Blanchflower; Oswald; Sanfey, 1996). Essa evidência indica que parte da remuneração da mão de obra nessas indústrias surge na forma de compartilhamento do arrendamento com os empregadores.

Na medida em que os salários são determinados pela barganha entre trabalhadores e empregadores, um aumento na possibilidade de substituição dos primeiros resulta em uma parcela menor do excedente da empresa direcionado aos trabalhadores. Uma consequência relacionada é que os sindicatos se tornam mais fracos. Quanto mais trabalhadores passíveis de serem substituídos houver em Akron por aqueles de Monterrey ou Bombaim, menor poder de barganha eles terão e menor será o salário que receberão. Nas palavras de Borjas e Ramey (1995, p.1109),

> a competição estrangeira em indústrias como a automobilística pode ter conduzido a uma desigualdade salarial aumentada não apenas deslocando os trabalhadores de setores com altos salários para setores com baixos salários, mas também mudando o comportamento da negociação salarial de toda a economia.

Pode-se debater a importância quantitativa do declínio no poder de barganha engendrado pela mobilidade global diferencial dos empregadores *versus* empregados. Mas pode haver pouca dúvida de que isso mudou a natureza dos contratos de

---

11 Borjas; Ramey (1994 e 1995) são duas exceções importantes. O trabalho recente de Richardson; Khripounova (1996) tratou diretamente dessa questão.

emprego em muitas indústrias de produtos comercializáveis e, pelo exemplo ou por pressão, também em muitas indústrias de produtos não comercializáveis.

"No final da década de 1970", segundo Howell (1994), "as empresas começaram a fundamentalmente reavaliar suas práticas de emprego e de negociação salarial". Mitchell (1985) documentou uma notável transformação nos contratos sindicais iniciados no início da década de 1980, uma transformação que não explica bem a desinflação desses anos ou o índice de desemprego acima da média. A transformação foi refletida em congelamentos e cortes salariais, que primeiro apareceram em uma faixa estreita das indústrias em 1981 e depois se espalharam para as outras. A administração parecia estar assumindo uma posição cada vez mais dura. Mitchell chama isso de um "deslocamento da norma" na determinação salarial. Embora nem todos os setores em que isso aconteceu estivessem sob uma exposição crescente no comércio no início da década de 1980 (por exemplo, a construção e as lojas de produtos alimentares no varejo), muitos estavam (por exemplo, a manufatura de metais, maquinário, madeira e papel, aeroespacial).

O padrão estabelecido no início da década de 1980 sobreviveu, embora o déficit comercial tenha sido fundamentalmente reduzido. Nas palavras de Howell (1994):

> A impugnação das instituições de negociação salarial baixou os salários daqueles com menor poder de barganha no mercado de trabalho, desse modo aumentando a desigualdade entre os trabalhadores qualificados e os não qualificados. Isso pode ter também tendido a aumentar a desigualdade entre os trabalhadores do mesmo grupo de educação, idade e gênero na mesma indústria. Embora a visão convencional seja de que a mudança tecnológica aumentou a demanda por especializações, conduzindo a uma premiação aumentada para as "especializações não observadas" nesses grupos, pode ser que a desinstitucionalização do mercado de trabalho tenha tido um efeito maior. As normas salariais parecem ter entrado

A globalização foi longe demais?

em colapso nas empresas (à medida que os mercados de trabalho internos se abrem à competição externa), nas indústrias (quando a competição crescente causa diferenças entre as companhias para se tornarem um fator mais crítico nos resultados salariais) e entre as comunidades (quando os transportes e as telecomunicações facilitam o deslocamento de algumas, mas não de todas as empresas para áreas de salários mais baixos).

Freeman (1996b) estima que cerca de um quinto da ascensão na desigualdade salarial dos Estados Unidos se deve ao declínio da sindicalização. Na Europa Ocidental, onde os sindicatos permaneceram mais fortes e o ambiente político forneceu mais apoio, os salários dos trabalhadores menos especializados não haviam entrado em colapso. Mas o preço foi um aumento no desemprego.

Para muitos economistas, a destruição dos sindicatos pode não parecer uma coisa tão ruim, e essa impressão é plausivelmente fortalecida pela experiência europeia com o desemprego. Na verdade, do ponto de vista da eficiência, o enfraquecimento dos sindicatos, e mais em geral da capacidade de barganha dos trabalhadores, pode ter alguns benefícios. Mas aqui há um ponto frequentemente negligenciado: esses benefícios da eficiência só são colhidos na medida em que o emprego se *expande* nas indústrias em que salários artificialmente altos antes mantiveram o emprego abaixo dos níveis de eficiência.[12] Isto de fato aconteceu? É difícil evidenciar que um comércio expandido na verdade tenha

---

12 Isso porque os custos de eficiência dos sindicatos aumentam ao haver muito pouco emprego nas indústrias sindicalizadas, não pelos altos salários recebidos pelos trabalhadores sindicalizados propriamente ditos – embora é claro que a primeira hipótese seja a consequência da segunda. Quando os sindicatos são apoiados pelas restrições comerciais em vigor, essa redução no emprego realmente não é ruim de um ponto de vista da eficiência, porque se contrapõe à distorção em apoio à produção da restrição comercial, esta última sendo uma produção (e emprego) altamente elevada na indústria de importação competitiva.

conduzido a mais contratações em setores como o do aço e o da indústria automobilística nos Estados Unidos – setores em que salários "estratosféricos" eram talvez os mais prevalentes. E, na ausência desses casos, as consequências da eficiência positiva da ausência de sindicalização são questionadas. O principal efeito do comércio parece ter sido uma redistribuição do excedente da empresa para os empregadores, em vez da ampliação desse excedente.

Seja como for, barganhar é importante, e não apenas nas indústrias sindicalizadas. Mesmo sem sindicatos e na ausência de outras imperfeições do mercado de trabalho, o acúmulo das habilidades específicas do trabalho cria uma situação de monopólio bilateral entre os trabalhadores e os empregadores *ex post*. Em outras palavras, as habilidades específicas do emprego são uma forma de arrendamento, cuja distribuição deve ser determinada pela barganha com a empresa. Pode-se esperar que qualquer coisa que altere o poder de barganha das partes – como a globalização – venha a afetar a maneira em que o valor das habilidades específicas do trabalho é distribuído e o quanto ele resulta para os próprios trabalhadores. E, na medida em que uma parcela maior da remuneração dos trabalhadores menos remunerados passa a derivar das habilidades específicas do emprego, como foi previamente sugerido, isto produzirá um efeito diferencial que ampliará o abismo salarial entre os trabalhadores menos qualificados e os mais qualificados.

Recapitulação

Há uma distinção importante entre os dois efeitos discutidos neste capítulo: o deslocamento de fora para dentro da demanda por mão de obra não especializada e o aumento em sua elasticidade. O primeiro efeito só opera em uma extensão significativa quando um país comercializa com outro com uma força de traba-

A globalização foi longe demais?

lho não qualificada consideravelmente mais abundante. É por isso que a literatura empírica se concentra essencialmente no comércio com os países em desenvolvimento. Grande parte do comércio dos países industrializados avançados, que ocorre entre eles próprios, não tem peso aqui porque acontece entre países com dotações de fatores similares e por isso não tem quaisquer implicações para as demandas relativas de mão de obra qualificada e não qualificada. Por isso, essa abordagem necessariamente absolve a grande maioria do comércio de qualquer responsabilidade por problemas no mercado de trabalho.

Mas o foco no comércio com (e a imigração de) países de baixos salários ignora o fato de que os trabalhadores não qualificados na Alemanha ou na França estão também competindo com trabalhadores similares no Reino Unido ou nos Estados Unidos, mercados com os quais esses países estão muito mais firmemente integrados do que com a Índia e a China. E, embora o comércio da América do Norte possa ter tido pouco impacto perceptível sobre a relativa demanda por mão de obra não qualificada, isso certamente torna essa demanda mais elástica em todos os países envolvidos. Em outras palavras, o aumento da elasticidade da demanda por mão de obra é um fenômeno muito mais geral. É uma consequência direta da integração econômica internacional, independentemente da estrutura econômica e da identidade dos parceiros comerciais.

Considere a seguinte reflexão experimental. Suponha que o resto do mundo consistisse de economias idênticas à dos Estados Unidos, tanto em termos de suas relativas dotações de fatores quanto de seus níveis de riqueza. Como não haveria vantagem comparativa, a integração econômica resultaria em pouco comércio (salvo, é claro, para o comércio baseado nas economias em grande escala) e nenhuma mudança nos preços relativos. Mas os serviços dos trabalhadores norte-americanos agora se tornam mais facilmente substituíveis por aqueles dos trabalhadores estrangeiros, graças às possibilidades do comércio, da migração e dos fluxos de capital. Por isso, embora a mão de obra dos Estados Unidos não enfrente uma redução na demanda (visto que se supõe que o resto do mundo não tenha a mesma abundância de mão de obra que os Estados Unidos), ela certamente seria confrontada por uma demanda que reage mais às mudanças em seus custos – ou seja, é mais elástica. Isso afetaria a capacidade dos trabalhadores de barganhar, no local de trabalho, a incidência dos custos não salariais que os trabalhadores deveriam arcar e a volatilidade dos ganhos e das horas trabalhadas, como foi acima discutido.

Portanto, há razões para pensar que o principal impacto da globalização nos mercados de trabalho pode bem ser o aumento na elasticidade (real ou percebida) da demanda por trabalhadores não qualificados e não a redução em si dessa demanda. Ou seja, os trabalhadores se encontram atualmente em um ambiente em que podem ser mais facilmente "trocados" por trabalhadores de outros países. Para aqueles que carecem das habilidades para se tornar difíceis de ser substituídos, o resultado é uma maior insegurança e uma existência mais precária.

Embora esse argumento seja intuitivo e consistente com os sentimentos expressos por aqueles que estão nas linhas de frente dos mercados de trabalho, precisamos de mais evidências sistemáticas para nos apoiar. Os únicos estudos econométricos que conheço são os estudos preliminares de Slaughter (1996) e Richardson e Khripounova (1996), os quais sugerem que a elasticidade da demanda por mão de obra dos Estados Unidos aumentou desde a década de 1960. As outras evidências disponíveis são em grande parte subjetivas e casuais. Por isso é difícil ser mais específico sobre as magnitudes específicas envolvidas. Até que ponto a integração econômica internacional aumentou as elasticidades da demanda por mão de obra não qualificada nos mercados importantes? E por até quanto do aumento na desigualdade, entre e dentro dos grupos, e na variância de curto prazo nos ganhos e no emprego pode esse fator ser responsável? Como uma

A globalização foi longe demais?

elasticidade diz respeito a mudanças na margem, essas questões não podem ser simplesmente respondidas observando-se os volumes do comércio e da imigração. E também não há razão para se acreditar que um aumento na elasticidade da demanda por mão de obra estaria necessariamente associado a mudanças no preço relativo dos produtos produzidos por mão de obra intensiva.

Por isso, a resposta é que não podemos ter certeza sobre as magnitudes quantitativas. A pesquisa básica sobre essas questões ainda está por ser realizada. O que podemos dizer com alguma confiança é que uma consideração mais ampla das consequências da globalização no mercado de trabalho provavelmente produzirá um quadro que apresentará à globalização uma fatura muito mais importante do que ela habitualmente recebe quando a questão está estritamente concentrada na ascensão da premiação *média* pela especialização e apenas nos mercados perfeitamente competitivos.

3
Tensões entre o comércio e os arranjos sociais domésticos

O comércio internacional cria arbitragem nos mercados para bens, serviços, trabalho e capital. A tendência para os preços convergirem como um resultado é a fonte dos ganhos do comércio. Mas o comércio com frequência exerce pressão também para outro tipo de arbitragem: a que acontece nas normas nacionais e nas instituições sociais. Isso não acontece diretamente, mediante o comércio nessas "normas" ou "instituições", assim como acontece com os bens e serviços, mas indiretamente, elevando o custo social de manter arranjos sociais divergentes. Essa é uma fonte fundamental de tensão na globalização.

Começo com um exemplo ampliado, aquele do trabalho infantil no mercado internacional. Vou usar esse exemplo como um trampolim para algumas generalizações sobre como o comércio se conecta – ou se desconecta, dependendo do caso – com as normas e as instituições sociais domésticas. O trabalho infantil vem a ser um exemplo conveniente para esse propósito, mas é claro que é também um caso por si só importante.

Expondo as questões:
o exemplo do trabalho infantil

Considere o caso da XYZ Corp., hipotética empresa norte-americana de porte médio que fabrica sapatos em Pleasantville, Ohio. Sob crescente pressão das importações usurpadoras e com as margens de lucro bastante reduzidas, a firma decide demitir trezentos de seus empregados em Pleasantville e subcontratar as partes de mão de obra mais intensiva de sua operação de uma empresa local em Honduras. A terceirização reduz substancialmente os custos da XYZ Corp., e as margens de lucro são recuperadas. Os trabalhadores demitidos em Pleasantville finalmente encontram empregos em outro lugar. Mas muitos precisam se mudar para outras cidades, e a maioria tem de aceitar trabalhos com menor remuneração.

Pelos padrões da teoria do comércio internacional, essa é uma história de sucesso. O comércio internacional permite a especialização de acordo com a vantagem comparativa e o resultado é um bolo econômico maior tanto para os Estados Unidos quanto para Honduras. Os economistas especializados em comércio internacional seriam rápidos em indicar a improbabilidade de que o processo ocorra sem algumas consequências distributivas, como no exemplo anterior. Na verdade, nos modelos padrão usados pelos economistas internacionais, as consequências distribucionais do comércio tipicamente minimizam sua contribuição líquida para a renda nacional.[1] Uma compensação dos perdedores *poderia* cuidar

---

1 Sob parâmetros típicos, reduzir a restrição de um comércio vai resultar em 5 dólares ou mais de renda sendo distribuídos entre diferentes grupos para cada dólar de ganho líquido. Ver Rodrik (1994) para uma discussão adicional. Muitos economistas especialistas em comércio internacional também acreditam em ganhos *dinâmicos* do comércio – isto é, em índices de crescimento mais elevados resultantes de políticas comerciais mais abertas. Entretanto, as suposições teóricas a esse respeito não são muito fortes e pode-se facilmente surgir com modelos do contrário. Também não são tão fortes como às vezes se acredita as evidências empíricas sobre o vínculo entre o comércio e o crescimento.

A globalização foi longe demais?

do problema, pois o bolo econômico maior resultante do comércio em princípio permite que os perdedores sejam totalmente compensados ao deixar os beneficiários – que devem compartilhar parte de seus ganhos – em situação ainda melhor. E essa é na verdade a primeira linha de defesa na sala de aula e na maioria dos debates políticos quando o economista apresenta a questão dos ganhos do comércio.

Entretanto, a compensação raramente ocorre na prática e nunca é integral. Há boas razões teóricas – que têm a ver com informações incompletas, a impossibilidade de se implementar transferências de reembolso e a ausência de um conjunto completo de instrumentos de taxas e subsídios – de isso ser assim.[2] Mas uma defesa muito melhor das consequências distributivas do comércio pode ser constituída ao longo das próximas linhas. Observe primeiro que impedir o comércio – ou seja, bloquear as atividades de terceirização da XYZ Corp. – também tem um efeito distributivo: aquele de impedir que os acionistas e os trabalhadores remanescentes da XYZ elevem suas rendas. Várias considerações entram na maneira em que a sociedade avalia essas duas alocações distributivas – uma com o comércio e uma sem ele – e, por isso, em como ela decide se o comércio é uma boa ideia. Uma consideração simples é o tamanho relativo dos ganhos *versus* as perdas, assim como sua incidência. É muito mais provável que aprovemos uma política que cria um ganho líquido pequeno à custa de uma enorme redistribuição de renda. Em segundo lugar, a identidade dos ganhadores e perdedores também importa. As concepções rawlsianas de justiça, por exemplo, implicam que as redistribuições que aumentam o bem-estar dos grupos mais desfavorecidos devem receber prioridade. Em terceiro lugar, podemos seguir o exemplo da teoria da "perspec-

---

2 Diz-se que um economista é alguém que vê algo funcionar na prática e imagina se pode também funcionar na teoria. Essa sentença é adicionada em benefício do economista que se ajusta ao ditado.

tiva" na economia e pesar mais as perdas do que os ganhos, o que resultaria em uma propensão pelo *status quo*.

Nas economias de mercado, o teste mais importante aplicado para determinar se as mudanças distributivas são socialmente aceitáveis talvez seja o seguinte: a mudança em questão é consequência de ações individuais que não violam normas da equidade? Em outras palavras, a vantagem distribucional é obtida por *meios* que a sociedade considera legítimos? Se a resposta for sim, é provável que aceitemos as consequências, ainda que, como resultado, alguns indivíduos ou grupos venham a sofrer.[3] Considere o caso da inovação tecnológica. Um inventor que surge com um novo processo ou produto mediante trabalho árduo e criatividade é saudado como um herói, mesmo que a invenção desloque trabalhadores comprometidos com a antiga tecnologia. Não sonharíamos em banir a lâmpada elétrica para agradar os fabricantes de velas!

A abertura para o comércio internacional é formalmente equivalente, em todos os aspectos econômicos, ao progresso tecnológico. Ambos resultam em um bolo econômico maior possivelmente à custa de alguma redistribuição da renda.[4] Se presumirmos que o progresso tecnológico é bom e deve ser encorajado,

---

3 Nas palavras concisas do filósofo Robert Nozick (1974, p.151), "uma distribuição é justa se tem sua origem em uma outra distribuição justa feita por meios legítimos".

4 No contexto doméstico, pensamos em uma "função de produção" representando a tecnologia por meio da qual as entradas intermediárias e os fatores primários são transformados em produtos finais. O comércio internacional é inteiramente análogo a essa função da produção: os produtos que vendemos ao estrangeiro nos permitem em troca adquirir importações e por isso nossas exportações podem ser pensadas como as entradas que são transformadas em importações (as saídas). Os preços internacionais prevalecentes indicam os coeficientes de "entrada-saída" usados nessa transformação. E, continuando a analogia, uma melhora nos termos do comércio (devida, por exemplo, a padrões inferiores de mão de obra em um país parceiro) atua como um avanço técnico nessa tecnologia, reduzindo os coeficientes de entrada e saída.

A globalização foi longe demais?

em vez de restringido, por que não aceitarmos o mesmo para a liberalização do comércio internacional? A analogia esclarece um ponto central: as implicações distributivas, por si sós, ainda que sejam reconhecidamente adversas, não proporcionam uma justificativa para a imposição de restrições ao comércio externo. Esse, acredito eu, é o principal argumento a favor de se manter as fronteiras abertas ao comércio internacional.

Observe, contudo, que essa defesa do livre-comércio é uma defesa contingente. Ela requer, em particular, que os intercâmbios que criam os ganhos provenientes do comércio sejam consistentes com as normas e regras prevalecentes do "jogo justo" no âmbito doméstico. Voltando à analogia do progresso tecnológico, os inventores que atingem seus fins mediante a mentira, a fraude, o plágio ou violando amplamente as normas domésticas estabelecidas são vilipendiados, não celebrados.[5] Na verdade, os governos rotineiramente interferem nas atividades de P&D para garantir sua consistência com as normas sociais. Por exemplo, a experimentação em sujeitos humanos e em animais tem uma regulamentação pesada. Considerações éticas afetam substancialmente a pesquisa em biotecnologia. E, durante os dois últimos séculos, os países ricos desenvolveram legislação e padrões trabalhistas que circunscrevem rigidamente a natureza do processo de produção. A razão fundamental disto é que, uma vez que somos obrigados a apresentar uma defesa baseada nos princípios do livre-comércio, não há como evitar questões de justiça e legitimidade.

Ironicamente, talvez os libertários, que são os mais fervorosos defensores do livre-comércio, concordassem que essa é uma questão profundamente moral. Por exemplo, James Bovard

---

5 No campo da economia, outro exemplo relevante é a proibição do abuso de informação privilegiada. A proibição é menos motivada por considerações de eficiência – que são difíceis de construir e podem até seguir na direção oposta – do que por considerações de justiça.

(1991), do Cato Institute, defende isto enfaticamente ao declarar que o governo não tem de restringir o comércio: "toda restrição ao comércio é uma questão moral, sacrificando obrigatoriamente alguns americanos para o benefício de outros". O corolário não declarado é que remover uma barreira ao comércio reverte os sacrifícios. Por isso, eliminando o termo "obrigatoriamente" eu concordaria com a declaração de Bovard. Entretanto, quando os libertários separam a companhia da maioria das pessoas, é em benefício deles que o *laissez-faire* é o critério fundamental para a justiça distributiva – daí o uso do pesado termo "obrigatoriamente" na citação.

Para descrever mais concretamente as implicações do argumento, voltemos à XYZ Corp. Suponhamos que, em algum momento depois de a empresa ter retornado à lucratividade graças à terceirização, um jornalista de Pleasantville visite a fábrica subcontratada em Honduras. Ele relata que a unidade é um local de trabalho escravo, onde crianças de 12 anos de idade trabalham sob condições insalubres e perigosas. A notícia choca a comunidade. Piquetes são organizados em frente às instalações da empresa, e após vários dias o presidente da companhia anuncia que o relacionamento de subcontratação com a companhia hondurenha foi encerrado. Ele acrescenta que a XYZ retomará as contratações no mercado local.

O que ocorreu foi que grupos eloquentes em Pleasantville declararam ser inaceitável substituir trabalhadores norte-americanos adultos por crianças de 12 anos de idade trabalhando em condições de risco. A mensagem é: não aceitamos isto como uma troca legítima e uma maneira justa de impor uma carga a um segmento da nossa sociedade. Isto é uma coisa boa? Se é, por que não generalizar a prática e aprovar uma legislação que proíba todas as importações produzidas pelo trabalho infantil?[6]

---

6 Um projeto proposto no Congresso dos Estados Unidos em 1995, o Child Labor Deterrence Act, visa precisamente a isso.

A globalização foi longe demais?

Fazer isso estaria em conflito com as regras da OMC, que tem uma exceção sobre o trabalho na prisão (Artigo XXe), mas de resto não permite a discriminação entre as mercadorias ou os países baseada em diferenças no modo de produção.[7]

A maioria dos economistas especializados em comércio internacional também acharia objetável impor restrições comerciais aos outros países por causa de diferenças nas práticas nacionais, como as normas de trabalho.[8] Em uma das discussões mais abrangentes da questão, T. N. Srinivasan (1995) declara que introduzir as preocupações com o padrão do trabalho na formulação da política comercial é uma má ideia. A maior parte de suas objeções tem a ver com a ineficiência da política comercial, ou possivelmente com suas consequências indesejadas, no que diz respeito ao bem-estar dos trabalhadores nos países exportadores. Por exemplo, negando às crianças que trabalhavam na indústria de sapatos hondurenha o acesso ao mercado norte-americano, a XYZ poderia deixá-las em circunstâncias ainda mais terríveis. Além disso, se os indivíduos nos Estados Unidos estão preocupados com essas

---

7 Por exemplo, quando os Estados Unidos proibiram as importações do atum mexicano porque o México não havia tomado medidas para reduzir o número de golfinhos tropicais mortos no Pacífico Oriental em razão da pesca de atum, o México apelou para o Gatt (General Agreement on Tariffs and Trade) e venceu. Parte da lógica que estava por trás da regulamentação do Gatt era que os Estados Unidos haviam aplicado uma restrição do comércio tendo por base o processo de produção.

8 A carta original da OMC estava preocupada com as normas de trabalho e com o comércio. Tinha um artigo dedicado aos padrões justos de trabalho (Artigo 7), que declarava que "todos os países têm um interesse comum em atingir e manter padrões de trabalho justos com relação à produtividade e, desse modo, em melhorar os salários e as condições de trabalho quando a produtividade assim o permitir". Além disso, "condições de trabalho injustas, particularmente na produção para exportação, criam dificuldades no comércio internacional e, por isso, cada membro deve tomar a atitude mais apropriada e factível para eliminar essas condições dentro do seu território". Portanto, essas questões estavam profundamente arraigadas nas mentes dos arquitetos do sistema econômico internacional do pós-guerra.

crianças, devem transferir dinheiro para elas em vez de usar uma ferramenta indireta como a política comercial. A conclusão de Srinivasan e de muitos outros economistas é que as demandas pela negação da entrada das exportações produzidas pelo trabalho infantil refletem largamente os desejos protecionistas dos Estados Unidos de impedir a entrada das importações concorrentes.

Contudo, embora os motivos protecionistas sejam aparentes em muitas das discussões sobre a "nova" agenda para a política comercial – sobre as normas de trabalho, o ambiente e a política da concorrência –, seria um erro não reconhecer que eles também refletem um genuíno desconforto nos países importadores com as implicações morais ou sociais do comércio. Ofereço duas amostras de evidência. A primeira vem de um recente trabalho de Alan Krueger (1996). Ele realizou um interessante teste da hipótese do protecionismo examinando os patrocinadores do Child Labor Deterrence Act. O ato proposto proibiria as importações produzidas pelo trabalho infantil. Essas importações competem mais diretamente com a produção em distritos em que a força de trabalho tende a ser menos qualificada. Se os patrocinadores do ato estavam motivados principalmente por interesses protecionistas, seria esperado que fossem desproporcionalmente atraídos por esses distritos. Na verdade, Krueger encontrou o oposto. Quanto maior a proporção de indivíduos que abandonam os estudos no segundo grau, *menor* a probabilidade de que o seu representante fosse um patrocinador do ato. Em vez disso, o apoio ao ato veio de distritos de renda mais elevada e foi aparentemente mais baseado em preocupações humanitárias do que em preocupações materiais.[9]

---

9   Krueger também aplicou sua estrutura aos votos dos congressistas ao Nafta e à OMC. Seus achados ali são consistentes levando em conta o motivo do interesse próprio. Os representantes dos distritos com mão de obra não qualificada tinham uma probabilidade menor de votar a favor do Nafta ou da OMC.

A segunda amostra de evidência pode ser derivada da ocorrência de uma reviravolta na história da XYZ. Suponhamos que, em vez de usar a terceirização, a companhia feche sua fábrica principal em Pleasantville, abra uma fábrica clandestina perto da fronteira mexicana e traga crianças de 12 anos de idade de Honduras como imigrantes temporários. Do ponto de vista dos resultados econômicos, essa solução para o problema competitivo da empresa é indistinguível do anterior, de terceirização por meio do comércio. O bem-estar de todas as partes – os trabalhadores demitidos, os acionistas da empresa e as crianças hondurenhas – é afetado exatamente da mesma maneira.

Na prática a diferença é que usar essa opção significaria transgredir a lei. As leis trabalhistas nos países industrializados avançados fazem apenas um número limitado de exceções à regra de que os trabalhadores imigrantes – temporários ou não – têm de trabalhar sob as mesmas regras que se aplicam aos trabalhadores locais. Certamente, as regras são frequentemente violadas. Mas quando o são e as infrações são descobertas, o grito público se faz ouvir e os transgressores são punidos. Em minha opinião, isto demonstra a norma dominante de que não é aceitável reduzir os padrões de vida dos trabalhadores norte-americanos tirando proveito de práticas trabalhistas que estão excessivamente abaixo daquelas pregadas nos padrões dos Estados Unidos.

É interessante notar que a grande maioria dos economistas que não tem dificuldade em aceitar o exemplo da terceirização também aceite que não é uma boa política pública relaxar as normas de trabalho para os trabalhadores imigrantes a ponto de permitir condições de trabalho degradantes [*sweatshop*]. Evidentemente, há uma inconsistência entre essas duas posições. Parece haver maior coerência no comportamento do público leigo, que reage com igual ultraje às duas versões da parábola – terceirização *versus* imigração – e aos preceitos dos economistas.

Deixe-me enfatizar dois aspectos fundamentais do meu argumento. Em primeiro lugar, não há conflito na vantagem comparativa em si, na medida em que ela se baseia em processos que são percebidos como legítimos no âmbito doméstico. É por isso que, ao contrário do que pensam os economistas, há uma diferença entre a vantagem comparativa criada pelas diferenças nas dotações de fatores relativos ou nas preferências e aquela criada por escolhas institucionais que entram em conflito com as normas do país importador. Em segundo lugar, o argumento não se baseia no fato de os norte-americanos se importarem muito com o bem-estar das crianças hondurenhas; presume apenas que os norte-americanos se importam com os outros norte-americanos e que há normas sociais com relação ao que é uma maneira aceitável de impor a carga aos outros.

Mas e quanto às importações que não competem diretamente com a produção doméstica e, portanto, não deslocam os trabalhadores norte-americanos? Isto significa que a maneira com que essas importações são fabricadas – quer usem o trabalho infantil ou poluam o ambiente – não tem importância para a política comercial dos países importadores? É claro que alguns norte-americanos – se não a maioria – também se importam com o problema do trabalho infantil ou com as condições ambientais no resto do mundo. Mas quando esses motivos humanitários globais – em oposição às preocupações distributivas domésticas – são a força impulsora, há uma boa razão para que eles tenham um peso muito pequeno para a política comercial.

A razão é simples: não está de modo algum claro se as políticas comerciais, e as restrições à importação em particular, são um bom instrumento para o avanço da causa do trabalho ou do ambiente entre os parceiros comerciais. Os argumentos, como o de T. N. Srinivasan, mostrado anteriormente, de que há com frequência instrumentos bem melhores para se atingir esses objetivos humanitários globais – variando desde permitir a imigração até proporcionar assistência técnica e financeira ao estrangeiro –, têm de ser respondidos antes que um bom caso possa ser montado para interferir com o comércio. Além disso, como já foi mencionado, as políticas comerciais restritivas nos países avançados com frequência pioram a situação daqueles nos países exportadores que eles foram designados a ajudar. Por exemplo, a alternativa para o trabalho infantil nas indústrias de exportação podem muitas vezes ser piores (por exemplo, a prostituição).

No caso das importações não concorrentes, o argumento econômico padrão em prol do livre-comércio está firmado em um solo muito mais sólido. No entanto, mesmo neste caso, pode haver outras influências nos arranjos sociais domésticos, a serem brevemente discutidas, que precisam ser consideradas.

Comércio e *"blocked exchanges"*

Toda sociedade tem restrições, morais ou legais, sobre os tipos de mercados permitidos. Os indivíduos nunca são completamente livres para assinar certos tipos de contratos. O filósofo político Michael Walzer chamou essas restrições de "intercâmbios proibidos" [*blocked exchanges*"]. Nos Estados Unidos, tais contingências cobrem várias áreas, incluindo a venda de seres humanos e de cargos políticos. Cobrem também "comércios de último recurso" ["*trade of last resort*"] ou intercâmbios "desesperados", como está ilustrado por leis sobre o dia de oito horas, salários mínimos e regulamentações de saúde e segurança (ver Walzer, 1983, p.100-103, para uma lista exaustiva). Algumas dessas restrições, como a prevenção da escravidão, são dificilmente controversas. Outras, como as leis do salário mínimo, são mais polêmicas. Além disso, as normas para o que deve ser restringido variam entre os países e também variam com o passar do tempo. A questão é simplesmente que os "intercâmbios proibidos" são parte dos arranjos sociais de toda sociedade.

A história da lei trabalhista dos Estados Unidos ilustra muito bem como surgem e se desenvolvem os "intercâmbios proibidos". Durante o início do século XX houve muita resistência à legislação que iria reduzir as horas e melhorar as condições de trabalho. Em 1905, a Suprema Corte revogou um estatuto de Nova York que proibia que os empregados das panificadoras trabalhassem mais de sessenta horas semanais (*Lochner v. New York*). A opinião da Corte baseou-se na ideia de que os intercâmbios voluntários não deviam ser restringidos. Nas palavras da Corte, o estatuto de Nova York era "uma interferência ilegal nos direitos dos indivíduos, tanto empregadores quanto empregados, de realizar contratos relacionados ao trabalho nos termos que considerarem mais convenientes" (apud Sandel, 1996, p.41). Com um raciocínio similar, a Corte também revogou uma lei que estabelecia salários mínimos para as mulheres e outra que proibia os contratos que permitiam que os trabalhadores fossem demitidos por se associarem a um sindicato.

Diante de uma ameaça do presidente Franklin D. Roosevelt de fechar a Corte, a sentença foi revertida em 1937. Em uma decisão tomada naquele ano (*West Coast Hotel Co. v. Parrish*), ela preservou uma lei de salário mínimo para as mulheres. Sua justificativa dessa vez foi que é apropriado que as legislaturas tratem das condições de trabalho escravo e, em particular, considerem os poderes de barganha desiguais entre empregador e empregado. Como declarou a Corte, "o poder de barganha das mulheres é relativamente fraco e [...] elas são as vítimas convenientes daqueles que tirariam proveito de suas circunstâncias necessitadas". Consequentemente, era adequado corrigir essa desigualdade mediante a legislação e as restrições ao direito de contrato do indivíduo. Esse decisivo caso abriu as portas para a subsequente legislação trabalhista que expandiu enormemente o escopo da regulamentação no local de trabalho.

Então, a partir de 1930, as leis dos Estados Unidos reconheceram que as restrições ao "contrato livre" são legítimas no caso de poder de barganha desigual. Mas consideremos agora uma fonte diferente de poder de barganha assimétrico, criada pelo comércio e pela mobilidade do capital e discutida no capítulo anterior: os empregadores podem se transferir para o estrangeiro, mas os empregados, não. Pode-se argumentar que a geração de uma desigualdade na globalização do poder de barganha ajuda a destruir sessenta anos de legislação trabalhista e, portanto, o entendimento social que essas leis representam. Afinal, há pouca diferença substantiva entre os trabalhadores locais serem capazes de competir com seus colegas que concordam em trabalhar doze horas por dia, ganhar menos que o salário mínimo e aceitam ser demitidos caso se associem a um sindicato – tudo isso considerado ilegal segundo a lei dos Estados Unidos –, e os trabalhadores estrangeiros fazerem o mesmo. Se a sociedade está relutante em aceitar os primeiros, por que deveria encorajar os últimos?[10]

Não há resposta precisa ou categórica para essa pergunta. Há diferentes valores e interesses a serem negociados, incluindo os ganhos e as perdas que estão em jogo e concepções opostas sobre a competição "justa". Minha opinião é simplesmente que o comércio se impõe à sociedade doméstica de maneiras que podem entrar em conflito com contratos sociais há muito estabelecidos para proteger os cidadãos da implacabilidade do livre-mercado.

As novas questões comerciais e as demandas por um "comércio justo"

Segundo Ruggie (1995, p.510), "reestruturar as nações – pelo menos alguns aspectos das nações – é o que cada vez mais

---

10 Observe que o apelo à soberania nacional e a inaceitabilidade geral sob a lei internacional das tentativas de impor a legislação doméstica aos outros países não nos tiram desse problema. Na verdade, fecham o outro caminho. A soberania nacional implica a capacidade de cada país de cortar seus vínculos comerciais com outros se o comércio minar suas escolhas de soberania no âmbito doméstico.

as disputas comerciais passaram a fazer". Esse é na verdade o tema comum que perpassa toda a gama das chamadas questões novas na agenda da OMC. Sejam as normas de trabalho, a política ambiental, a política da concorrência ou a corrupção, as diferenças nas práticas domésticas tornaram-se questões de controvérsia internacional. Os conflitos surgem tanto quando essas diferenças criam comércio – como nos casos de trabalho infantil ou de políticas ambientais lenientes – como quando supostamente o reduzem – como com as práticas do *keiretsu* no Japão. Foi-se a época em que as negociações da política comercial diziam respeito principalmente à interferência com o comércio na fronteira – barreiras tarifárias e não tarifárias. As principais questões comerciais do futuro são a "integração profunda", que envolve as políticas fora das fronteiras, e como lidar com elas. Como declarou o editorial do *New York Times* (favoravelmente) com relação à disputa entre a Kodak e a Fuji sobre o acesso ao mercado de filme fotográfico no Japão, "na verdade, o processo da Kodak solicita à OMC que julgue a maneira pela qual o Japão realiza seus negócios" (11/7/1996, A22).

Os economistas têm ridicularizado as noções de "comércio justo" e de "nivelação do campo de jogo" que está por trás de muitas dessas iniciativas. Mas uma vez que seja reconhecido que o comércio tem implicações para as normas domésticas e os arranjos sociais, e que a sua legitimidade se baseia em parte em sua compatibilidade com estes, essas noções não são tão estranhas; elas se referem às preocupações que o comércio cria. O livre-comércio entre países com práticas domésticas muito diferentes requer ou uma disposição para se contrapor à erosão das estruturas domésticas ou a aceitação de algum grau de harmonização (convergência). Em outras palavras, algum grau de harmonização internacional (convergência) pode ser necessário para os frutos do comércio serem colhidos.

Se esse é o contexto apropriado em que as demandas por "comércio justo" ou pelo "nivelamento do campo de atuação"

A globalização foi longe demais?

devem ser entendidas, deve também ficar claro que os legisladores com frequência tomam muitas liberdades ao justificar suas ações nesse sentido. Por exemplo, a maior parte do que é considerado como "comércio injusto" nos procedimentos antidumping não é mais do que a prática padrão dos negócios (como a fixação do preço no ciclo dos produtos ou a redução do preço ao custo médio variável durante as contrações do mercado), e não menos nos Estados Unidos do que em outros países. Muito frequentemente, o próprio governo dos Estados Unidos se envolve nas políticas que eles rotulam como injustas quando aplicadas pelos outros. O governo dos Estados Unidos se sentiu ultrajado quando a Comunidade Europeia proibiu a importação de carne bovina norte-americana produzida com hormônios de crescimento em dezembro de 1988, aparentemente sem evidências científicas de que os hormônios da carne bovina tivessem efeitos adversos nos humanos. Na época, manteve uma proibição das importações do presunto alemão, alegando que ele era inseguro para os norte-americanos (para este e exemplos similares, ver Bovard, 1991).

Por isso, embora possa não haver uma linha divisória muito clara entre o que é justo e o que não é no comércio internacional, um sinal claro de que o protecionismo sem princípios está na raiz de uma queixa do comércio feita tendo por base a justiça é a prevalência de práticas idênticas ou similares na economia doméstica do queixoso. A justiça não pode ser mantida fora do pensamento da política comercial, mas também não pode ser usada como uma desculpa para as restrições do comércio quando a prática em questão não entra em conflito com as normas domésticas, *como está revelado pela prática atual.*

Além disso, mesmo quando esses conflitos são criados, as considerações de justiça podem no máximo justificar apenas o uso das restrições comerciais no âmbito doméstico (para "proteger" nossos próprios valores e instituições); elas *não* garantem nenhuma tentativa de impor nossas normas ou instituições aos outros. Por exemplo, nós podemos talvez ter justificativa para manter a Fuji fora do mercado norte-americano se o comportamento dela violar excessivamente as normas e a ética empresarial dos Estados Unidos. Entretanto, não teríamos justificativa se insistíssemos que o Japão mudasse suas práticas para que a Kodak pudesse competir com a Fuji no Japão em condições de igualdade.

Integração e política social na Europa

Entre os países industrializados avançados, a integração dos mercados de bens e serviços é a mais adiantada na Europa. O processo de integração dentro da União Europeia proporciona um estudo de caso interessante das tensões entre o comércio e os arranjos sociais domésticos.

As discussões sobre a harmonização têm uma longa história na Europa, remontando aos dias anteriores à criação da Comunidade Econômica Europeia (CEE).[11] O Tratado de Roma, que estabelece a CEE, tem muitas cláusulas relacionadas à harmonização das políticas sociais em nome da garantia da equidade e de condições igualitárias na competição. A harmonização foi requerida em duas áreas específicas: remuneração igual para homens e mulheres (Artigo 119) e esquemas de pagamento de férias (Artigo 120). A França exigiu a cláusula de igual pagamento, pois lá já existe uma legislação requerendo a igualdade de pagamento (enquanto outros países não a têm). Segundo Sapir (1996), o governo francês temia que sua indústria têxtil (onde um número desproporcional de trabalhadores são mulheres) fosse comprometida na ausência da harmonização. Além disso, um protocolo separado declarava que as horas de trabalho e as horas extras teriam de convergir para os níveis prevalecentes na

---

11 Esse relato da história da harmonização da UE baseia-se em Sapir (1996).

A globalização foi longe demais?

França em 1956, no final do primeiro estágio do mercado comum (31 /12/ 1961). Se a convergência não ocorresse, a França poderia tomar medidas cautelares.

De todo modo, essas cláusulas parecem ter tido pouco efeito prático. Por exemplo, a aplicação do Artigo 119 sobre a igualdade de pagamento foi repetidamente adiada e só em 1975 foi adotada uma diretriz nessa área. Como diz Sapir (1996), o período de 1958-1973 foi considerado como de negligência benigna no que se refere à política social. Ele atribui isso ao alto grau de homogeneidade social e econômica entre os seis membros originais da CCE e à rápida melhora nos padrões de vida durante esses anos. Tais fatores, declara ele, foram cruciais em "evitar as pressões [...] em favor da harmonização" nos primeiros anos (Sapir, 1996, p.544).

Entretanto, desde meados da década de 1970, maior heterogeneidade e crescimento mais lento aumentaram a pressão por harmonização. Depois de 1975 foi adotada uma série de diretrizes para igual pagamento, lei trabalhista e condições de trabalho, mas Sapir (1996) conclui que seu escopo permaneceu limitado. O movimento ganhou força com o acordo sobre o Ato Único Europeu [Single European Act] em dezembro de 1985, e especialmente com a adoção da Carta Social [Social Charter] por todos os Estados-membros, exceto o Reino Unido, em dezembro de 1989. Como parte do Ato Único Europeu, dois novos artigos sobre política social foram adicionados ao Tratado de Roma, um sobre saúde ocupacional e normas de segurança e outro sobre barganha coletiva. E, como resultado da Carta Social, a Comissão da Comunidade Europeia desenvolveu um detalhado programa de ação contendo quase cinquenta iniciativas, muitas das quais foram adotadas. Segundo a Comissão, o programa de ação visa *inter alia* "reduzir as disparidades entre os Estados-membros sem interferir na vantagem comparativa das regiões menos desenvolvidas" (Commission of the European Communities, 1993, p.10). O medo do "dumping social" por parte dos novos membros, particularmente Portugal e Espanha, parece ter desempenhado um papel crucial nesses desenvolvimentos.[12] Em 1993, a Comissão Europeia assumiu a visão de que "a competição dentro da Comunidade baseada em padrões sociais inaceitavelmente baixos, mais que a produtividade das empresas, vai corroer os objetivos econômicos da União" (Commission of the European Communities, 1993, p.59-60).

O Reino Unido, sob governos conservadores, foi o principal opositor a esses movimentos rumo à harmonização social. O primeiro-ministro John Major expressou a diferença em valores que o governo britânico levou à Comunidade: "A Europa pode ter a Carta Social. Nós teremos emprego [...] Deixe Jacques Delors nos acusar de criar um paraíso para os investidores estrangeiros; estou feliz em me declarar culpado" (Major apud Leibfried; Pierson, 1995, p.49).

Em vez disso, o Reino Unido argumentou a favor de um sistema descentralizado de estabelecimento de regras e de "competição entre as regras" para permitir a emergência de normas nacionais mais direcionadas para resultados econômicos e sociais superiores. Embora essas duas concepções de política social para uma Europa integrada obviamente difiram muito, elas compartilham uma característica comum que é particularmente relevante aqui. O sistema de "competição entre as regras", assim como a harmonização, implica eventual convergência – nesse caso, por meio do processo competitivo de "boas" regras eliminando as "ruins".

---

12 Um Partido Trabalhista Interdepartamental indicado pela Comissão Europeia definiu o dumping social em 1988 como "o medo de que o progresso social nacional seja impedido ou, pior ainda, que haja uma forte pressão nas condições sociais (salários, nível de proteção social, vantagens adicionais etc.) na maioria dos países avançados, simplesmente em razão da competição [...] de alguns países [da Comunidade Econômica Europeia], em que os custos médios de mão de obra são significativamente menores" (apud Sapir, 1996, p.559).

Sapir (1996, p.561) conclui que "a Carta Social e a implementação do programa de ação não parecem ter acrescentado muito em termos de 'harmonização social' – exceto na área de saúde e segurança ocupacionais". O fato de a dimensão social da integração europeia ter conduzido a resultados apenas modestos até então é uma conclusão amplamente compartilhada. Mas, como foi enfatizado por Leibfried e Pierson (1995), isso não significa que a integração não tenha tido um impacto significativo nas políticas sociais dos Estados-membros. Embora os acordos entre os Estados-membros ou as ações da Comissão possam ter desempenhado um papel limitado, a interpretação das exigências de compatibilidade do mercado por parte do Tribunal de Justiça Europeu (TJE) provocou uma inegável erosão da soberania nacional no campo social. O TJE proferiu decisões em mais de trezentos casos sobre coordenação da política social, e esses casos representam uma proporção crescente de um volume de processos que aumentou de 34 em 1968 para 553 em 1992 (Leibried; Pierson, 1995, p.51). O propósito dessas decisões foi requerer que as políticas sociais nacionais não restrinjam o movimento livre de produtos, serviços e indivíduos. Nas palavras de Leibfried e Pierson (1995, p.51): "A dimensão social da UE é em geral discutida como um corretivo à criação de mercado, mas em vez disso tem procedido como parte do processo de construção de mercado".

Por exemplo, o TJE determinou que a mobilidade da mão de obra requer que benefícios de bem-estar social idênticos sejam disponibilizados para todos os nativos da União Europeia (UE) empregados em um país-membro; os Estados-membros não podem mais direcionar os benefícios previdenciários apenas para seus cidadãos. Similarmente, um governo nacional não é mais a única autoridade a decidir se as reivindicações de benefícios devem ou não ser aceitas; as decisões sobre elegibilidade tomadas por corpos administrativos em outros Estados-membros podem ter de ser acatadas. O uso da política de impostos para restaurar a atividade econômica em regiões deprimidas, como os esforços do governo italiano para atrair investimento para o Mezzogiorno, tornou-se circunscrito sob a alegação de que isso constitui "competição injusta".[13] A harmonização pode ser um termo ambicioso demais para descrever essa atividade em grande parte baseada em decisões do Tribunal de Justiça. Liebfried e Pierson (1995, p.65) preferem chamá-la de "uma homogeneização incremental, baseada nos direitos, da política social".

Esse breve relato da UE aponta para uma série de conclusões. Primeiro, é consideravelmente mais fácil integrar economicamente quando há normas compartilhadas entre os países com relação a instituições domésticas como relações de trabalho ou sistemas de bem-estar social. Segundo, à medida que a integração se aprofunda, torna-se mais difícil para os países adotar ou manter receitas sociais que difiram daquelas de seus parceiros comerciais. Terceiro, mesmo dentro da Europa, onde há uma convergência substancial nos níveis de renda e nas práticas sociais – pelo menos em comparação com o resto do mundo –, tem se mostrado difícil encontrar o equilíbrio certo entre expandir a integração econômica e proporcionar aos governos espaço de manobra no campo social.

Maastricht, as greves francesas e a dimensão social

O medo disseminado na Europa de que a integração econômica venha a minar os esquemas prevalecentes de proteção social é exemplificado pelos debates em torno dos critérios de Maastricht e de sua implementação. Caracteristicamente, os governos europeus (mais uma vez com exceção do Reino Unido)

---

13 Para esses e outros exemplos, com extensiva discussão, ver Leibfried e Pierson (1995, p.50-65).

anexaram um Protocolo sobre a Política Social ao texto principal do Tratado de Maastricht para enfatizar sua intenção de proceder não só no campo econômico, mas também no social. A principal contribuição do protocolo é que ele agora permite que a União Europeia adote iniciativas no campo social pelo voto qualificado da maioria, em vez de pela unanimidade, como antes. Não obstante, as exigências de Maastricht sobre a política fiscal têm questionado políticas sociais há muito tempo implantadas nos Estados-membros. Consequentemente, Maastricht tem tido uma implantação difícil, em especial naqueles países em que foi submetido a um referendo. Em junho de 1992, os dinamarqueses votaram pela rejeição do tratado e em setembro do mesmo ano os franceses se aproximaram muito de fazer o mesmo.[14] Na Dinamarca, "segundo as pesquisas de boca de urna, a razão mais importante para o voto negativo [...] foi o medo de que o sistema de seguridade social dinamarquês fosse negativamente afetado por sua integração com outros sistemas de seguridade social [...]" (Perotti, 1996, p.1).[15]

A oposição ao Tratado de Maastricht atingiu seu ponto mais elevado nas greves francesas durante o outono e o inverno de 1995. Um relato dessas greves serve de alerta para a instabilidade e as perturbações sociais que podem também ocorrer em outros países se as questões aqui levantadas não forem tratadas. O apoio popular disseminado dessas greves na França, que vai além daqueles cujos interesses estavam imediatamente em jogo, é indicativo da profunda tensão que o conflito entre a integração internacional e as instituições domésticas provocou.

---

14 Na Irlanda, o tratado foi aprovado por uma confortável maioria. Um segundo referendo foi realizado na Dinamarca em maio de 1993, depois de o governo dinamarquês ter obtido várias concessões na aplicação do tratado à Dinamarca, e a segunda votação resultou na ratificação.

15 Uma preocupação similar foi expressa por muitos canadenses em relação ao acordo de livre mercado com os Estados Unidos.

A tarefa de fazer cumprir os critérios fiscais do Tratado de Maastricht coube ao presidente Jacques Chirac, empossado em maio de 1995, e ao seu primeiro-ministro, Alain Juppé.[16] Em 1995, o déficit do setor público da França permaneceu em quase 5% do PIB, substancialmente maior que a marca de 3% estabelecida pelo tratado. Como os países deveriam se qualificar em 1998 tendo por base os números de 1997, era requerida a redução do déficit em mais de um terço em apenas dois anos.

Um ataque sério ao déficit significava cortes no sistema de seguridade social do país, que completou seu 50º aniversário em outubro de 1995 e representa metade de todos os gastos do setor público. Nos últimos cinquenta anos, a França criou um elaborado sistema de proteções sociais, que adquiriu o *status* de *acquis sociaux*, ou direitos sociais adquiridos. Os sindicatos e o povo francês em geral defenderam agressivamente esse sistema no passar dos anos, e não é difícil entender por quê. O serviço de saúde pública da França, um dos mais caros do mundo, combina cuidado gratuito com liberdade de escolha: os pacientes podem consultar virtualmente qualquer médico ou especialista na frequência que quiserem e serem reembolsados pelo fundo de saúde pública. Todos os cidadãos têm educação gratuita garantida até a universidade. Os empregadores devem conceder cinco semanas de férias por ano aos seus empregados, e os trabalhadores que ocupam cargos de elevado estresse, como a medicina, têm direito a nove semanas. Todas as mães, independentemente da renda ou da situação conjugal, recebem subsídios para cada filho. As famílias mais numerosas e mais pobres podem receber férias remuneradas, incluindo transporte para um local de veraneio, apartamentos e máquinas de lavar pratos e de lavar roupa subsidiados (*New York Times*, 20/12/1995, A14). Além disso, uma fonte importante do déficit da seguridade social são as generosas

---

16 O restante desta seção se baseia muito em um relato preparado por Matthew Maguire.

A globalização foi longe demais?

provisões de pensão concedidas aos empregados do governo. Diferentemente dos trabalhadores do setor privado, que precisam trabalhar quarenta anos para ter direito a uma pensão, os servidores civis podem se aposentar com uma pensão após 37,5 anos, e os ferroviários podem se aposentar com uma pensão aos 50 anos de idade. Além disso, as pensões são calculadas tendo por base os ganhos dos empregados nos seus últimos seis meses de trabalho, o que permite a muitos trabalhadores inflar artificialmente suas pensões trabalhando horas extras durante esse período.

O primeiro-ministro Juppé delineou as medidas propostas pelo governo para enfrentar o déficit em uma série de reuniões com líderes trabalhistas no final de agosto e início de setembro de 1995. O orçamento proposto devia impor um novo imposto de 0,5% a ser pago para cobrir os déficits acumulados da saúde e das pensões, aumentar as contribuições de atenção à saúde dos aposentados e desempregados, deslocar o controle do sistema de atenção à saúde dos sindicatos para o Parlamento e requerer que os funcionários públicos trabalhem quarenta anos para ter direito a uma pensão.

O primeiro sinal de grande inquietação foi uma greve de protesto de um dia, em 10 de outubro, em oposição aos planos do governo de congelar os salários dos servidores civis em 1996. Cinquenta e sete por cento dos servidores civis não foram trabalhar, em uma greve que envolveu 5 milhões de trabalhadores e se espalhou para as indústrias do setor estatal, incluindo transportes, eletricidade, serviço postal e telecomunicações. A greve, que efetivamente fechou o país por 24 horas, foi a maior desde 1981.

Apesar da oposição, Juppé anunciou seu pacote de cortes de gastos e aumento dos impostos em uma sessão da Assembleia Nacional, a Câmara dos Deputados da França, em 14 de novembro. A votação, que ele chamou de um voto de confiança em seu governo, foi de 463 a 87 em favor do programa. Os sindicatos se movimentaram rapidamente para organizar uma oposição em larga escala e, em 24 de novembro, o sindicato dos ferroviários iniciou uma greve nacional. Em 29 de novembro uniram-se a eles os funcionários dos serviços públicos, que temiam a quebra do monopólio da Central Elétrica do Estado (*New York Times*, 30/11/1994, A15).

O apoio aos grevistas entre o público em geral foi significativo, embora menos de 10% dos empregados do setor privado na França sejam sindicalizados. Uma pesquisa publicada em *Le Parisien* em 2 de dezembro mostrou que 62% dos entrevistados apoiavam os grevistas (*New York Times*, 3/12/1995, p.20) – isso apesar do fato de a greve ter fechado essencialmente setores inteiros da economia. Os trabalhadores parisienses viram seus transportes demorando até quatro horas, enquanto o trânsito se tornava lento até a completa paralisação, e as bicicletas se tornaram o novo símbolo de *status*.

O governo de início se manteve firme, mas a greve, que no princípio foi uma medida de curto prazo, continuou e se ampliou. Em 2 de dezembro, os líderes sindicais franceses convocaram uma greve de todos os trabalhadores assalariados, e os trabalhadores das companhias aéreas, da companhia telefônica e os motoristas de caminhão se uniram à greve. Quando o protesto entrou em sua segunda semana, o franco enfraqueceu em razão dos temores dos investidores de um colapso do governo. O governo declarou sua disposição de iniciar as discussões com os sindicatos, mas prometeu prosseguir com seus planos de reforma previdenciária. Em 7 de dezembro, mais de um terço de todos os funcionários públicos estavam em greve, Juppé foi queimado simbolicamente em Bordeaux, onde ele era prefeito, e uma pesquisa mostrou que 53% dos entrevistados achavam que Juppé estava errado em não retroceder na austeridade do programa (*New York Times*, 8/12/1995, A14).

O governo, demonstrando uma nova flexibilidade, indicou um mediador e se ofereceu para discutir com os sindicatos dos funcionários públicos. Em 11 de dezembro, o governo foi obrigado a ceder ao sindicato dos ferroviários na questão das pensões, uma concessão que foi estendida a todos os funcionários públicos em 12 de dezembro. Em 15 de dezembro, a maioria dos sindicatos votou pelo retorno ao trabalho. No entanto, os sindicatos continuaram a insistir na retração das propostas de novos impostos e no controle dos custos da atenção à saúde e planejaram manifestações continuadas. Em 21 de dezembro, Juppé prometeu "diálogo, consulta e negociação" em uma "cúpula social" com líderes trabalhistas e empresariais. Ele concordou em reduzir os impostos sobre os salários, mas só depois que fosse acordado em 1996 um novo sistema de pagamento para os sistemas de seguro de saúde e pensões. Ele recusou-se a adiar um aumento programado para 1º de janeiro (*New York Times*, 22/12/1995, A7). Em janeiro, Juppé conseguiu que o Conselho Constitucional validasse uma lei que lhe permitia promulgar por decreto suas reformas de seguridade social.

O custo das greves para a economia francesa foi enorme. Em 19 de dezembro o governo o estimou em 0,4% a 0,5% do PIB do trimestre. Mas as greves expressaram um claro desejo por parte de uma porção considerável do país de não sacrificar ao comércio as proteções sociais. "Os franceses não querem viver como os anglo-saxônicos", disse Marc Blondel, presidente da Força Sindical, que foi um dos principais propulsores das greves (*San Francisco Chronicle*, 21/12/1995, B2). Ou, como declarou um cidadão, "acho que a maioria dos franceses quer que os valores da França sejam decididos por esse espírito, não por reuniões de cúpula econômica, frias e distantes, que falam de déficits e de competição. Essa foi a mensagem das greves" (*New York Times*, 20/12/1995, A14).

As diferenças nas instituições nacionais têm efeitos sobre o comércio?

Antes que a tinta secasse no Tratado de Maastricht, ocorreu um evento que pareceu comprovar os temores de que a integração econômica acontecesse à custa do retrocesso social. A Hoover Europe, subsidiária da companhia norte-americana, anunciou em janeiro de 1993 que estava fechando sua fábrica em Burgundy, na França, e a transferindo para a Escócia. A decisão da companhia foi aparentemente motivada pelo fato de os sindicatos na Escócia estarem prontos a aceitar termos decididamente mais flexíveis que aqueles da França. Como disse Sapir (1996, p.563):

> O caso Hoover rapidamente se tornou o símbolo do debate sobre o perigo do "dumping social" dentro do mercado europeu integrado. Foi provavelmente o primeiro caso de transferência de uma empresa dentro da Comunidade que atraiu a atenção maciça da mídia e dos políticos. Era o caso perfeito, colocando a França, a defensora da "harmonização social" e da Carta Social, contra o Reino Unido, o defensor da "competição entre regras" e contrário à Carta Social.

Decisões desse tipo – onde produzir, de quem comprar – são tomadas diariamente pelos administradores das corporações globais. Qualquer advogado trabalhista nos Estados Unidos pode apresentar uma longa lista de casos em que empresas previamente sediadas nos Estados Unidos se transferiram para o Sul, próximo à fronteira, supostamente para se aproveitar de uma força de trabalho mais barata e com produtividade quase igual. É claro que, em comparação com a maior parte da Europa Ocidental, os Estados Unidos dificilmente são o paraíso dos trabalhadores, o que às vezes cria um fluxo inverso. A decisão da BMW de produzir na Carolina do Sul, por exemplo, foi motivada em parte pela importante economia nos custos de mão de obra.

Histórias desse tipo são abundantes, mas evidências sistemáticas são mais difíceis de obter. A dificuldade com essas histórias é que elas não nos contam se a principal responsabilidade pelo fluxo do comércio e do investimento está em seus determinantes

A globalização foi longe demais?

econômicos e estruturais básicos – dotações relativas de fatores, produtividades, preferências do consumidor, dimensão do mercado – ou em diferenças nos arranjos sociais, que podem às vezes ser controversos e entendidos como injustos. Há uma diferença entre uma empresa norte-americana pagar 50 cents a hora por um trabalhador estrangeiro que tem um décimo da produtividade de um trabalhador norte-americano, e pagar o mesmo para um trabalhador que é igualmente produtivo.

Então, na prática, as diferenças nas instituições sociais realmente fazem muita diferença para o comércio? O argumento teórico de que deveriam fazer é impecável. Afinal, se as diferenças *cross-country*, por exemplo, nas normas de trabalho ou nas regulamentações ambientais, podem ser tratadas "como iguais" a qualquer outro determinante de vantagem comparativa – e essa é a abordagem econômica convencional dessas questões –, essas diferenças devem ter implicações para os fluxos do comércio. Por isso, a questão real não é "se elas fazem?", mas "até que ponto elas fazem?" e "para que tipos de produtos e serviços?".

Embora as políticas sociais gerem muita excitação, há pouquíssimas evidências quantitativas de suas implicações para o comércio. Em uma publicação recente, Alesina e Perotti (1995) realizaram uma das poucas análises rigorosas no contexto dos países da Organização para a Cooperação e o Desenvolvimento Econômico (OCDE). Eles formularam a hipótese de que sistemas previdenciários mais generosos estarão associados a uma menor competitividade, definida como o inverso dos custos unitários da mão de obra em relação aos outros países. Isso porque os benefícios de pensão ou desemprego têm de ser financiados, em parte, pelos impostos sobre os salários. Os trabalhadores podem transferir parte dos custos para os empregadores (mais quando são sindicalizados), o que por sua vez resulta em uma perda na "competitividade", redução nas exportações e um aumento no desemprego. Os resultados empíricos de Alesina e Perotti confirmam a história. Eles descobriram que quando os impostos sobre o trabalho aumentam em 1% do PIB de sua amostra média de cerca de 24%, os custos unitários da mão de obra nos países com um grau intermediário de centralização [nas instituições de mercado de trabalho] aumentam em até 2,5% em relação aos concorrentes (Alesina; Perotti, 1995, p.4-5).

Na área das normas de trabalho, o relacionamento entre as normas e o comércio foi examinado em Rodrik (no prelo). Usando uma ampla variedade de indicadores de normas de trabalho, como a ratificação de relatos das Convenções da OIT e do Ministério do Trabalho dos Estados Unidos sobre os problemas do trabalho infantil, eu me concentrei na análise empírica de três questões: as normas de trabalho afetam os custos de mão de obra?; as normas de trabalho afetam a vantagem comparativa e, portanto, os fluxos do comércio?; e as normas de trabalho afetam o investimento estrangeiro direto? Houve evidência afirmativa em todas as três questões, embora nem sempre na direção esperada.

Com relação aos custos de mão de obra, em um corte transversal dos países, normas de trabalho relaxadas foram associadas a custos menores (expressos em termos de dólar) após o controle da produtividade. Além disso, os efeitos estimados foram grandes, sugerindo que a magnitude econômica dos efeitos também é significativa. Por exemplo, um passo adiante na minha medida do trabalho infantil (por exemplo, passar da ausência de uma legislação do trabalho infantil para a existência de tal legislação) está associado a um aumento nos custos anuais de mão de obra de 4.849 para 8.710 dólares. Essa diferença é muito grande, talvez grande de maneira implausível. No entanto, as práticas de trabalho infantil podem ser indicativas de uma série muito mais ampla de deficiências nas normas de trabalho. Em consequência disso, as estimativas do parâmetro são provavelmente uma indicação do efeito agregado de todas estas.

Passando em seguida aos fluxos do comércio, descobri em uma amostra de países em desenvolvimento que uma medida

A globalização foi longe demais?

de vantagem comparativa nos produtos de trabalho intensivo – a proporção de exportações de produtos têxteis ou de vestuário em relação às outras exportações, excluindo os combustíveis – estava associada da maneira esperada aos indicadores de normas de trabalho: quanto mais relaxada a norma, maior a vantagem comparativa revelada nos produtos de trabalho intensivo. Finalmente, o investimento na produção das subsidiárias com participação majoritária dos Estados Unidos foi também associado aos indicadores de normas de trabalho, mas não na direção comumente postulada: os países com normas de trabalho deficientes receberam menos investimento estrangeiro do que teria sido previsto tendo por base suas outras características. Considerando juntos esses dois resultados chegamos à hipótese de que normas de trabalho deficientes resultam em terceirização e subcontratação, mas não em investimentos estrangeiros com capital majoritário.

A política ambiental é uma área em que tem havido uma pesquisa empírica substancial voltada para as consequências das regulamentações na "competitividade" e no comércio dos produtos. Os custos com a redução da poluição nos países industrializados avançados são atualmente significativos, e na variação de 1% a 2% do PIB em países como Estados Unidos, Alemanha, França e Reino Unido. Além disso, esses custos variam muito entre as indústrias manufatureiras, de 25% dos gastos totais de capital em produtos de petróleo e carvão nos Estados Unidos a menos de 1% nas indústrias gráficas e editoriais (Jaffee et al., 1995, Tabela 6). Jaffee et al. também examinaram as evidências empíricas e relatam algumas de que a produção de poluição intensiva imigrou para os países em desenvolvimento, mas encontraram alguns estudos que concluíram que as regulamentações ambientais são um determinante importante da competitividade ou de vantagem comparativa. As evidências sobre a localização das fábricas nos Estados Unidos sugerem que até mesmo diferenças relativamente grandes nas regulamentações têm poucos efeitos sobre o local. Por isso, concluem que "há relativamente poucas evidências corroborando a hipótese de que as regulamentações ambientais tiveram um grande efeito negativo sobre a competitividade, não importa como seja definido esse termo evasivo" (Jaffee et al., 1995, p.157). Eles atribuem essa conclusão a dificuldades encontradas em medir o impacto das regulamentações ambientais, ao fato de que, em praticamente todas as indústrias, cumprir com essas regulamentações ainda constitui uma parcela pequena dos custos totais, e a similaridades nas práticas entre os países industrializados.

Na área das políticas industriais, o Japão recebeu o maior escrutínio. Ele se destaca entre os países avançados porque está engajado em pequenas quantidades de comércio entre indústrias e suas importações de produtos manufaturados são uma fração relativamente pequena do PIB (Bergsten; Noland, 1993). Há muita controvérsia sobre se as diferenças nas estruturas industriais e nas tradições de política industrial do Japão foram responsáveis por esses aspectos característicos do comércio japonês – veja, por exemplo, o diálogo entre Lawrence (1993) e Saxonhouse (1993). Estudos econométricos sobre a relação entre os fluxos do comércio e as dotações de fatores têm produzido resultados ambíguos e, seja como for, não respondem à questão de por que, afinal, o Japão é diferente.

O estudo de Lawrence (1991) sobre o *keiretsu* é uma das raras pesquisas econométricas que analisa as consequências das estruturas industriais japonesas. O termo *kereitsu* se refere a uma rede de empresas afiliadas, quer dentro de uma única indústria ou em uma série delas. Os estrangeiros em geral encaram essas redes como um impedimento às importações e como uma prática comercial injusta. Lawrence tenta distinguir empiricamente duas visões contraditórias do *keiretsu*. Uma visão é que eles são simplesmente um arranjo para aumentar a eficiência, sem efeito discriminatório sobre as importações. Ele raciocina que, sob essa hipótese, os setores dominados pelo *keiretsu* devem ter ao mesmo

A globalização foi longe demais?

tempo menos importações e mais exportações. A segunda visão é que o *keiretsu* age como barreira à importação, em cujo caso sua presença deve ser associada a importações reduzidas, mas não necessariamente a mais exportações. Seus resultados sugerem que o *keiretsu* na verdade reduz as importações, e que um número maior de exportações está apenas (fracamente) associado a um *keiretsu* "vertical". Além disso, os efeitos estimados são grandes. Altas parcelas das vendas por *keiretsu* em uma indústria estão associadas a reduções pela metade na parcela de importação para consumo. Um estudo mais recente realizado por Noland (no prelo) relata achados extremamente similares.

Finalmente, um trabalho recente de autoria de Hines (1995) chama a atenção por ter documentado como as diferenças nacionais na tolerância às práticas comerciais corruptas podem ter implicações para os fluxos do investimento. Depois do escândalo do Watergate, os Estados Unidos aprovaram o Ato de Práticas Corruptas no Exterior (Foreign Corrupt Practices Act – FCPA) de 1977, que torna ilegal às empresas norte-americanas pagarem subornos a funcionários de governos estrangeiros. Até recentemente, outros países desenvolvidos não tinham legislação similar, permitindo em alguns casos a dedução de impostos por pagamentos ilícitos.[17] A questão que Hines colocou foi se essa diferença prejudicava as empresas norte-americanas em países em que a corrupção é desenfreada. A resposta que conseguiu foi definitiva. Hines descobriu que a atividade de investimento dos Estados Unidos em países em que os funcionários do governo rotineiramente aceitam suborno mostrou declínios "incomuns" depois de 1977. O mesmo aconteceu nas exportações de aeronaves e nas atividades de *joint venture* dos Estados Unidos. Por isso, as empresas norte-americanas perderam terreno nos países

---

17 Em 1996, um acordo da OCDE recomendou que se pusesse um fim a essa discrepância.

mais corruptos para empresas de outros países desenvolvidos não prejudicados por legislação doméstica similar.

Recapitulação

As diferenças nas escolhas nacionais de arranjos sociais têm implicações para os fluxos do comércio e dos investimentos. Esses fluxos por sua vez se impõem nos arranjos sociais em outros lugares. Já declarei aqui que o comércio é controverso nos dois casos.

O argumento mais favorável ao livre-comércio é que ele atua da mesma maneira que o progresso tecnológico, expandindo o bolo econômico, mas ocasionalmente com algum custo distribucional. Como os governos via de regra interferem na decisão dos tipos de tecnologias domesticamente permissíveis, como ao levar em conta os custos sociais ou as normas nacionais, é difícil ser intransigente em relação ao por que o comércio internacional deve ser categoricamente isento desse mesmo tipo de abordagem. As restrições ao comércio em geral não serão a maneira mais apropriada ou eficiente de lidar com as consequências do desgaste das normas e instituições domésticas. Mas também não se deve tratar a liberalização como um fim em si, sem considerar como ela afeta valores amplamente compartilhados no âmbito doméstico.

Na verdade, há áreas – como o trabalho degradante e o trabalho nas prisões – em que determinado grau de convergência internacional nas normas possibilitou que fossem escritas regras comerciais multilaterais para contemplá-las. Os casos mais difíceis são aqueles em que não ocorre nenhuma convergência. O desafio para o sistema de comércio internacional será acomodar as preferências nacionais nessa área sem um "vale-tudo" que possa degenerar em um protecionismo abrangente. Um ponto de partida é reconhecer que as nações têm razões legítimas para se preocupar com o que a globalização faz com suas normas e arranjos sociais.[18] O capítulo final vai discutir alguns dos princípios orientadores para como se proceder a partir daí.

---

18 É interessante notar que esse ponto está relacionado a um dos argumentos apresentados por Keynes em sua defesa da autossuficiência no comércio em um famoso artigo escrito em 1933. Depois de discutir como diferentes países estavam lutando pelo que ele chamou de "novos modos da economia política", Keynes escreveu: "Não desejamos [...] ficar à mercê de as forças mundiais desenvolverem, ou tentarem desenvolver, algum equilíbrio uniforme de acordo com os princípios ideais [...] do capitalismo do *laissez-faire* [...] A política de uma autossuficiência nacional aumentada não deve ser considerada como um ideal em si, mas como direcionada à criação de um ambiente em que outros ideais possam ser buscados de maneira segura e adequada" (Keynes, 1982 [1933], p.239-241).

4
O comércio e a demanda por seguro social

Se a integração econômica internacional tem constituído um aspecto fundamental da experiência do pós-guerra, uma segunda característica notável tem sido o crescimento do governo. Antes da Segunda Guerra Mundial, a parcela dos gastos do governo atingiu em média 21% do PIB nos atuais países industrializados avançados. Em meados da década de 1990, esse número mais que duplicou para 47% (Tabela 1). O aumento no papel do governo foi particularmente notável em países como Estados Unidos (de 9% para 34%), Suécia (de 10% para 69%) e Holanda (de 19% para 54%).

O aumento nos gastos sociais, e em particular as transferências de renda, direcionou a expansão do governo no período do pós-guerra. A Figura 1 mostra o registro desses gastos desde 1960 para cinco economias membros da OCDE: França, Alemanha, Reino Unido, Estados Unidos e Japão. Em todos os cinco países, o gasto nas transferências de renda aumentou consistentemente até o início e meados da década de 1980, e depois disso se estabilizou (ou pelo menos assim parecia). Embora a maior parte das medidas de atividade do governo tenha mostrado um aumento durante o período do pós-guerra, a ascensão nas transferências foi o que mais se destacou. Isso reflete a elevação do "Estado de bem-estar", que muitos sociólogos e cientistas políticos consideram como sendo "um ingrediente fundamental no pós-guerra na consolidação da democracia universal" (Esping-Andersen, 1994, p.714).[1]

Os economistas surpreendentemente prestaram pouca atenção na relação entre o crescimento do governo e a intensificação da integração econômica internacional. À primeira vista, a coexistência dessas duas tendências parece espúria – uma coincidência que surge da confluência de diferentes determinantes. Por exemplo, em um recente estudo profundo realizado por Tanzi e Schuknecht (1995), os autores atribuem a expansão dos gastos do governo a determinantes que em grande parte não estão relacionados ao crescimento do comércio: a Grande Depressão, mudando as crenças sobre a economia e a eficácia do *laissez-faire*; as consequências do populismo democrático; e as pressões dos grupos de interesse.

Entretanto, os cientistas políticos têm lido muito mais sobre a expansão simultânea do comércio *e* dos governos no período do pós-guerra. Na verdade, a relação entre a dependência do comércio e o escopo do governo tem sido uma preocupação contínua na literatura sobre a política comparativa. Katzenstein (1985, p.55), por exemplo, declarou que não é por acaso que economias europeias pequenas e muito abertas como da Suécia, Áustria e Holanda têm grandes governos. O poder público nessas economias procura proporcionar uma proteção contra os riscos de exposição às forças econômicas internacionais e o fazem ampliando seus poderes. Como ele declara (1985, p.55):

> Foi somente nas décadas de 1950 e 1960 – ou seja, por ocasião da liberalização internacional – que o setor público assumiu

---

1 Ver Lindert (1994) para um relato quantitativo da evolução dos gastos sociais.

Tabela 1 Crescimento dos gastos do governo nos países industrializados, 1870-1994 (percentagem do PIB)

País	Final do séc. XIX (cerca de 1870)	Antes da Primeira Guerra Mundial (cerca de 1913)	Depois da Primeira Guerra Mundial (cerca de 1920)	Antes da Segunda Guerra Mundial (cerca de 1937)	Depois da Segunda Guerra Mundial (1960)	1980	1994
Alemanha	10,0	14,8	25,0	42,4	32,4	47,9	49,0
Áustria	n.a.	n.a.	14,7	15,2	35,7	48,1	51,5
Bélgica	n.a.	n.a.	n.a.	21,8	30,3	58,6	54,8
Canadá	n.a.	n.a.	13,3	18,6	28,6	38,8	47,4
Espanha	n.a.	8,3	9,3	18,4	18,8	32,2	45,6
Estados Unidos	3,9	1,8	7,0	8,6	27,0	31,8	33,5
França	12,6	17,0	27,6	29,0	34,6	46,1	54,9
Holanda	9,1	9,0	13,5	19,0	33,7	55,2	54,4
Itália	11,9	11,1	22,5	24,5	30,1	41,9	53,9
Japão	8,8	8,3	14,8	25,4	17,5	32,0	35,8
Noruega	3,7	8,3	13,7	n.a.	29,9	37,5	55,6
Reino Unido	9,4	12,7	26,2	30,0	32,2	43,0	42,9
Suécia	5,7	6,3	8,1	10,4	31,0	60,1	68,8
Suíça	n.a.	2,7	4,6	6,1	17,2	32,8	37,6
Média	8,3	9,1	15,4	20,7	28,5	43,3	49,0
Austrália	n.a.	n.a.	n.a.	n.a.	21,2	31,6	37,5
Irlanda	n.a.	n.a.	n.a.	n.a.	28,0	48,9	43,8
Nova Zelândia	n.a.	n.a.	n.a.	n.a.	26,9	38,1	35,7
Média	n.a.	n.a.	n.a.	n.a.	25,4	39,5	39,0
Média Total	8,3	9,1	15,4	20,7	27,9	42,6	47,2

n.a. = não disponível

Fonte: Tanzi & Schuknecht (1995).

Figura 1 Gastos com proteção social em cinco países da OCDE, 1960-1991 (como parcela do PIB)

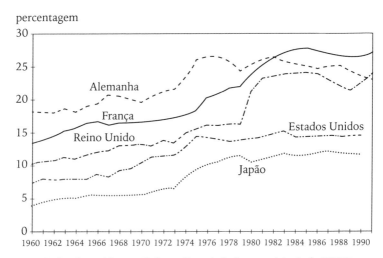

Fonte: Dados fornecidos por Roberto Perotti, de fontes originais da OCDE.

esse papel proeminente nos Estados europeus pequenos [...] Em 1956-1957, a parcela dos gastos de seguridade social na renda nacional era idêntica, 13% tanto nos grandes quanto nos pequenos Estados industrializados europeus; mas em 1971 os pequenos Estados europeus estavam em média gastando 20,9% do seu PIB em seguridade social, comparados com 14,3% dos grandes Estados industrializados [...] O crescimento do gasto público durante os anos do pós-guerra na conservadora Suíça excedeu o crescimento dos gastos na "socialista" Grã-Bretanha. [notas de rodapé omitidas]

Katzenstein (1984 e 1985) documentou em detalhes como esses pequenos Estados europeus "complementaram sua busca do liberalismo na economia internacional com uma estratégia de compensação doméstica" (1985, p.47) – envolvendo, entre outras políticas, programas de investimento, políticas de renda, subsídios industriais e transferências de renda. Cameron (1978) e Garret e Mitchell (1996) apresentaram argumentos semelhantes.

A globalização foi longe demais?

Um olhar mais de perto às evidências na verdade confirma que a relação entre a abertura ao comércio e o crescimento do governo pode não ser uma coincidência. Por exemplo, passando das evidências temporais para as transversais descobrimos uma associação positiva surpreendentemente robusta entre os países, entre o grau de exposição ao comércio internacional e a importância do governo na economia. A questão pode ser destacada com a ajuda de duas figuras, reproduzidas de Rodrik (1996). A Figura 2 mostra a relação entre a parcela dos gastos do governo do PIB (excluindo os pagamentos de juros) e a exposição atrasada ao comércio (exportações mais importações divididas pelo PIB) para 23 países da OCDE durante o início da década de 1990. O número revela uma associação inegavelmente positiva entre a abertura e a dimensão do governo. Uma equação de regressão semilogarítmica ajusta extremamente bem os dados, explicando 44% da variância *cross-country* nos gastos dos governos. Em uma extremidade da distribuição estão os Estados Unidos e o Japão, que têm as menores parcelas comerciais do PIB e (com a Turquia e o Canadá) as menores parcelas de gastos do governo. Na outra extremidade estão Luxemburgo, Bélgica e Holanda, economias com graus muito elevados de abertura e governos generosos.

A relação também não está confinada às economias da OCDE. A Figura 3 exibe a correlação *parcial* entre a abertura e o consumo do governo para 115 países. Realizei aqui o controle para outros determinantes potenciais do tamanho do governo, tais como renda *per capita*, estrutura demográfica e econômica, tamanho do país e geografia. A figura mostra que há uma associação empírica notavelmente estreita entre a abertura ao comércio e o consumo do governo nesse corte transversal dos países. Além disso, a exposição ao comércio no início da década de 1960 é um prognosticador estatisticamente significante da expansão do tamanho do governo durante as três décadas subsequentes na mesma grande amostra de países. Esses resultados mostram-se extremamente significativos. Detalhes adicionais estão apresentados em Rodrik (1996).

Figura 2 Relação entre a abertura e os gastos públicos em 23 países da OCDE

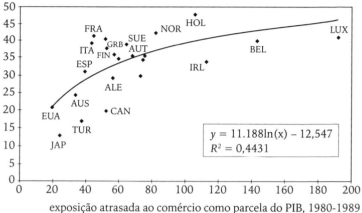

gastos do governo como percentagem do PIB
(excluídos os juros, 1990-1992)

exposição atrasada ao comércio como parcela do PIB, 1980-1989

Fonte: Rodrik (1996).

Figura 3 Correlação parcial entre a abertura e o consumo do governo em 115 países (controle por renda *per capita*, urbanização, proporção de dependência, área e região)

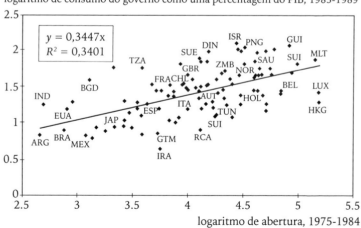

logaritmo de consumo do governo como uma percentagem do PIB, 1985-1989

logaritmo de abertura, 1975-1984

A globalização foi longe demais?

O que devemos fazer com isto? Vou argumentar que o quebra-cabeça é resolvido considerando-se a importância do seguro social e do papel do governo em proporcionar cobertura contra o risco externo. As sociedades que se expõem a quantidades maiores de risco externo demandam (e recebem) um papel governamental maior como abrigo para as vicissitudes dos mercados globais. No contexto das economias industriais avançadas, especificamente, isto se traduz em programas sociais mais generosos. Daí a conclusão de que o Estado de bem-estar social é o inverso da economia aberta!

Apresentamos a seguir mais evidências sobre essa questão. O principal tema deste capítulo é que a globalização apresenta esse dilema que resulta de demandas aumentadas ao Estado para proporcionar seguro social ao mesmo tempo que reduz a capacidade do Estado para desempenhar esse papel de maneira efetiva. Consequentemente, à medida que a globalização prossegue, o consenso requerido para manter os mercados domésticos abertos ao comércio internacional está ameaçado. Com o apoio político a essa destruição do comércio, um retorno ao protecionismo ao estilo antigo se torna uma séria possibilidade.

A questão de as políticas governamentais perderem sua eficácia em economias extremamente abertas não deve ser controversa. Em particular, é óbvio que os governos são restringidos a elevar os impostos tendo por base favores descompromissados. Quando o capital é perfeitamente móvel entre as fronteiras nacionais, por exemplo, um imposto doméstico sobre o capital surge totalmente de fatores imóveis e de modo algum do capital em si.[2]

---

2 Essa é, evidentemente, uma razão para o movimento para a taxação "unitária" – ou seja, a taxação de empresas de propriedade estrangeira tendo por base sua renda global. Alguns têm declarado que orientando apropriadamente o regime fiscal (e efetivamente taxando o "velho" capital, mas não o "novo"), um governo pode continuar a coletar lucros substanciais dos capitalistas, apesar das fronteiras abertas (ver, por exemplo, Wallerstein; Przeworksi, 1995). Não acho esses argumentos muito persuasivos. Além do problema

Mas se for verdade, como está declarado anteriormente, que esses grupos imóveis vão demandar programas sociais mais generosos à custa de aceitar quantidades maiores de risco externo, temos os ingredientes para um grave conflito. Para enquadrar o círculo, os governos foram obrigados a elevar os impostos sobre o trabalho e ao mesmo tempo reduzir os impostos sobre o capital, como mostrarei mais adiante neste capítulo.

Como algumas dessas ideias podem chocar o leitor como sendo estranhas, ou pelo menos não comprovadas, este capítulo vai se concentrar em evidências empíricas. Vou apresentar três tipos. Primeiro usarei evidências *cross-country* de uma ampla amostra de países para mostrar que o risco externo realmente importa: quanto maior a exposição ao risco externo, maior a renda agregada e o risco do consumo a que os residentes domésticos estão sujeitos.

Segundo, traçando uma distinção entre a *abertura* e a *exposição ao risco externo*, vou mostrar que níveis mais elevados de gastos do governo (como uma parcela do PIB) estão associados a maior exposição ao risco e que, uma vez que o risco externo está explicitamente controlado, os governos nas economias mais abertas não gastam mais. Por isso a correlação positiva entre a abertura e o tamanho do governo antes discutida parece ter a exposição ao risco externo como sua causa básica.

Terceiro, vou usar evidências de dados em painel sobre diferentes tipos de gastos do governo e de impostos para os países industrializados avançados desde a década de 1960. Com dados em painel não posso controlar separadamente o risco externo porque minha variável de risco usa os dados sobre a variabilidade dos termos do comércio por um período de duas décadas. Mas a abordagem em painel tem a vantagem de apresentar informações sobre o modo em que a atividade do governo respondeu a *mudanças* na integração econômica internacional em cada país, mantendo

---

da inconsistência do tempo – há sempre a tentação de redefinir o velho capital – não está claro se a proposta de Wallerstein e Przeworski elevaria uma renda adequada a longo prazo.

A globalização foi longe demais?

constantes as características de risco do comércio de cada país (o último sendo absorvido nos efeitos fixados).[3] Assim, controlando os efeitos para o país e o ano, descubro que os aumentos na abertura resultaram em *reduções* no gasto social e no consumo do governo. O efeito depressor sobre o gasto é maior em países sem restrições à mobilidade do capital. Além disso, vou apresentar evidências de que a distribuição da carga de impostos deslocou-se do capital para o trabalho quando a integração avançou: quando a abertura aumenta, os impostos sobre o capital diminuem, enquanto os impostos sobre a renda do trabalhador aumentam.

Uso um modelo formal no Apêndice A para enfatizar o argumento. O modelo destaca várias coisas. Primeiro, a capacidade dos donos de capital de se moverem com relativa facilidade dentro e fora da economia doméstica impõe uma externalidade relativa aos outros grupos (como os trabalhadores) com mobilidade mais limitada. Essa externalidade aumenta porque a mobilidade do capital exacerba os riscos a que são expostos os grupos imóveis. Em segundo lugar, o modelo mostra que uma estratégia para compensar os grupos internacionalmente imóveis por aceitaram maiores quantidades de risco externo pode funcionar enquanto a integração econômica internacional não estiver muito avançada. Mas quando a globalização se move além de um determinado ponto, o governo não pode mais financiar as transferências de renda necessárias porque a base de impostos torna-se muito frouxa. Por isso, em altos níveis de integração há um sério conflito entre a abertura e a manutenção do consenso social.

O risco externo é importante?

Começo usando evidências *cross-country* de uma ampla amostra de países para mostrar que a exposição ao risco externo au-

---

3 O controle dos efeitos fixados para as variáveis específicas do país que, em outras circunstâncias, não são incluídos como regressores nas regressões.

menta a renda agregada e o risco do consumo. Não está óbvio que esse deva ser o caso; por isso, as evidências nessa questão são importantes. É totalmente possível, em termos teóricos, que o risco externo se contraponha à exposição a fontes de risco *domésticas*, invalidando a hipótese de um compromisso entre a abertura e a estabilidade. Isso poderia ocorrer por algumas razões. Primeiro, a integração internacional aumentada dos mercados de capital pode permitir que todos os residentes domésticos, incluindo os trabalhadores, se diversifiquem internacionalmente, reduzindo o risco do consumo. Segundo, como os mercados mundiais são maiores que os domésticos, os efeitos dos choques idiossincráticos, específicos de cada país, podem ser menos sentidos nas economias mais firmemente integradas com os mercados mundiais.

Por outro lado, pode-se esperar que a especialização segundo as vantagens comparativas resulte em estruturas de produção mais concentradas e, portanto, em maior variabilidade da renda. Além disso, uma parte importante da renda dos trabalhadores está incorporada no capital humano, que na prática é impossível de diversificar mesmo sob a plena mobilidade do capital. Por isso é fundamentalmente uma questão empírica se a exposição aumentada ao risco de origem externa está associada a uma exposição aumentada ao risco no agregado.

A Tabela 2 apresenta evidências ainda mais fortes de que a resposta é afirmativa. Essa tabela mostra os resultados da regressão correspondente aos indicadores de risco agregado em uma medida do risco externo em uma amostra de 105 países para os quais estavam disponíveis os dados necessários. A medida do risco externo que escolhi é aquela sugerida pela teoria, ou seja, a volatilidade dos fluxos de renda associada a flutuações nos termos externos do comércio. Isto é calculado como o produto da abertura ($[x + m] / y$) e o desvio-padrão das primeiras diferenças logarítmicas nos termos do comércio (com a variável chamada

Tabela 2 Impacto do risco externo na volatilidade da renda e do consumo

Variável independente	Variável dependente (desvio-padrão dos índices de crescimento de)[a]			
	PIB real ajustado para os termos do comércio	PIB real	PIB "privado" real	Consumo real
Constante	0,026*	0,026*	0,025*	0,027*
	(0,003)	(0,003)	(0,003)	(0,004)
Renda *per capita* real, 1975	−4,22E-07	−3,40E-07	−1,42E-07	−7,53E-07
	(3,97E-07)	(3,64E-07)	(3,91E-07)	(7,37E-07)
Países socialistas	0,001	0,001	0,004	0,006
	(0,006)	(0,005)	(0,006)	(0,005)
OCDE	−0,012*	−0,012*	−0,013*	−0,013***
	(0,004)	(0,004)	(0,004)	(0,007)
América Latina	−0,006	−0,005	−0,005	−0,005
	(0,004)	(0,004)	(0,003)	(0,004)
Ásia Oriental	−0,012*	−0,011*	−0,011*	−0,016*
	(0,003)	(0,003)	(0,003)	(0,006)
África Subsaariana	0,001	0,002	0,004	0,006
	(0,004)	(0,004)	(0,004)	(0,004)
Exposição ao risco externo (OPENAVG6092 × TOTDLOGSTD)	0,0007*	0,0004**	0,0006*	0,0012*
	(0,0002)	(0,0002)	(0,0002)	(0,0003)
Número de observações	104	104	104	104
R^2 ajustado	0,39	0,36	0,36	0,48

*= 99% de significância; **= 95% de significância; *** = 90% de significância.
a. Erros padrão entre parênteses.

TOTDLOGSTD).[4] O uso de uma medida alternativa do risco externo, baseada na concentração de exportações do produto, gera resultados muito similares (os resultados dessa segunda medida não estão mostrados aqui).

As variáveis dependentes são quatro medidas de renda ou risco de consumo, calculadas como o desvio-padrão das primeiras diferenças logarítmicas no PIB real ajustado para os termos do comércio, o PIB real, o PIB real excluindo-se o consumo do governo (mencionado como PIB "privado") e o consumo real. As variáveis dependentes adicionais são a renda *per capita* e uma série de *dummies* de agrupamento de países e regionais.

Os resultados mostram que as três medidas de risco de renda, assim como de risco de consumo, aumentam com a exposição ao risco externo. Essa observação é robusta para a inclusão de uma ampla série de controles adicionais e também é igualmente válida quando a amostra está restringida aos países de alta renda.[5] Note em particular que o coeficiente estimado do risco externo é maior na regressão correspondente ao risco do *consumo*, que é digno de nota porque se poderia esperar que a mobilidade do capital permitisse a diversificação do risco do consumo (mesmo que o risco da renda não possa ser diversificado).

---

4 Formalmente, deixe x, m e y representarem os volumes de exportações, importações e PIB, respectivamente. Deixe π ser o logaritmo natural do preço das exportações relativo às importações (os termos do comércio). Deixe o logaritmo dos termos do comércio seguirem um curso casual, possivelmente com derivação (uma hipótese que não pode ser rejeitada pela maioria dos países). O componente não antecipado dos efeitos da renda de uma mudança nos termos do comércio pode então ser expresso (como uma percentagem do PIB) como $[\frac{1}{2}(x + m)/y][d\pi - \alpha]$, em que α é a tendência do índice de crescimento nos termos do comércio. O desvio-padrão disto é $\frac{1}{2}[(x + m)/y] \times$ desvio-padrão de $d\pi$.

5 É também robusta para a instrumentalização da abertura, OPENAVG6092 (que em princípio é uma variável endógena), usando-se um conjunto de variáveis geográficas exógenas e do tamanho do país (resultados não mostrados).

A globalização foi longe demais?

Para obter uma percepção das magnitudes envolvidas, considere o efeito estimado no risco de consumo de um aumento no risco externo por um desvio-padrão. O desvio-padrão da variável risco externo é 5,6 (que corresponde a um desvio-padrão nos índices de crescimento da renda externa de ½ × 5,6 = 2,8%). De acordo com a última coluna na Tabela 2, isso estaria associado a um aumento no desvio-padrão do crescimento do consumo de 5,6 × 0,0012 = 0,67%. O valor da mediana do desvio-padrão do crescimento do consumo na amostra é 2,63%. Por isso o efeito inferido não é negligenciável.

Observe também que essas relações agregadas não dizem nada sobre a *distribuição* do risco dentro da economia. Presumivelmente, esse tipo de risco é gerado desproporcionalmente pelos grupos com pouca mobilidade internacional. Por isso, uma vez considerada essa incidência, é provável que o risco externo seja maior.

Evidências *cross-country* sobre a abertura, o risco externo e a atividade do governo

Passo agora a uma observação mais direta das consequências do risco externo para o comportamento do governo. As evidências anteriormente apresentadas mostraram que há uma íntima associação entre a exposição ao comércio e a escala dos gastos do governo em uma ampla amostra representativa de países. Uma observação mais sistemática das evidências sugere que a razão disso está ligada ao risco externo: a exposição ao risco externo resultou em demandas para um papel mais ativo do governo na provisão de seguridade social.

Trabalhando com dados de uma ampla amostra de países é possível distinguir empiricamente entre *exposição ao risco externo* e *abertura*, como na seção anterior. Intuitivamente, as duas economias podem ficar igualmente expostas ao comércio, mas têm níveis muito diferentes de exposição ao risco externo se os seus termos de comércio diferirem em sua volatilidade. Por exemplo, a proporção do comércio em relação ao PIB é de cerca de 20%, tanto no Japão quanto nos Estados Unidos, mas os termos do comércio são duas vezes mais voláteis no Japão. A Nova Zelândia e o Reino Unido estão igualmente abertos (cerca de 55%), mas os termos do comércio da Nova Zelândia flutuam duas vezes mais que os do Reino Unido. Observe também que a medida empírica da abertura usada aqui (comércio total dividido pelo PIB) é apenas um substituto grosseiro para a medida teoricamente relevante – a sensibilidade da economia doméstica aos eventos ocorridos do outro lado da fronteira. Como é imperfeita, essa medida deve até certo ponto captar o espaço de manobra dos agentes domésticos – privados e públicos.

Nesse exercício, tanto a abertura quanto a exposição ao risco externo estão inseridas nas regressões como variáveis independentes que explicam a magnitude dos gastos do governo. Podemos então ver se a abertura ainda está positivamente relacionada aos gastos do governo quando o risco externo é controlado.

Eu uso duas medidas de gastos do governo. Uma é a seguridade social e os gastos com a previdência – que incluem compensação de desemprego, assistência familiar e pensões – médios calculados para o período de 1985-1989. O seguro para idosos é tipicamente o maior item nos gastos de seguridade social e previdência nos países industrializados avançados. Esse seguro obviamente não visa aos deslocamentos decorrentes especificamente do comércio. Mas reduz a incerteza de toda uma vida com relação às rendas, e desse modo contribui para uma maior sensação de segurança, independente da fonte dos choques a que as rendas estão sujeitas. Assim, poder-se-ia esperar encontrar uma correlação positiva entre a exposição ao risco externo e a seguridade social e os gastos com previdência.

A segunda medida é o consumo do governo (que exclui as transferências de renda bem como o investimento público), também aferido para o período de 1985-1989. Essa medida tem a

A globalização foi longe demais?

vantagem de estar disponível para mais de cem países numa base padronizada (graças às Penn World Tables, 1995). Sua desvantagem é que os vínculos entre os gastos do governo em coisas como a educação, os militares e a provisão de seguro social são mais tênues. Não obstante, nos países de baixa renda, em que os sistemas de seguridade social e previdência são difíceis de estabelecer, as evidências sugerem que a aquisição de bens e serviços por parte do governo realmente desempenham uma função de seguro social.

As duas primeiras colunas da Tabela 3 se concentram nos países da OCDE. Os resultados dos gastos com seguridade social e previdência apoiam fortemente o argumento. Como esperado, a exposição ao risco externo está positivamente correlacionada com os gastos com seguridade social e previdência (em um nível de confiança de 99%). O coeficiente de abertura aqui se torna negativo (e isso também é estatisticamente significante). A volatilidade dos termos do comércio, que é inserida independentemente nessas regressões, também tem um coeficiente estimado negativo e significante. Considerados juntos, esses resultados sugerem que as transferências de renda tendem a ser maiores nas economias que são simultaneamente muito abertas *e* sujeitas a um substancial risco de preço nos mercados mundiais. Embora a amostra seja pequena (19), essas variáveis juntas respondem por 75% da variação nos gastos de seguridade social e previdência nesses países. Em contraste, nessa amostra da OCDE, os indicadores de abertura e risco externo não têm poder explanatório para os gastos de consumo do governo.

As duas colunas seguintes aumentam a amostra para todos os países com PIB *per capita* em 1985 acima de 4.500 dólares. Os resultados com relação aos gastos com seguridade social e previdência são qualitativamente os mesmos, embora os coeficientes estimados sejam muito menores e os níveis de significância estatística, mais baixos. A principal mudança agora é que as variáveis abertura e risco começam a entrar significativamente também

Tabela 3 Efeito da abertura e do risco externo no logaritmo dos gastos do governo como parcela do PIB por grupo e tipo de renda (medido para o período de 1985-1989)

Variável independente	Países da OCDE		Países com PIB *per capita* em 1985 > 4.500 dólares		Todos os países[a]	
	Seguridade social e previdência	Consumo do governo	Seguridade social e previdência	Consumo do governo	Seguridade social e previdência	Consumo do governo
Abertura (OPENAVG7584)	−0,170*	−0,005	−0,043***	0,006***	0,018	0,004***
Instabilidade em termos do comércio (TOTDLOGSTD)	−134,088*	−8,329	−35,010**	−4,148***	−16,484*	−3,585*
Exposição ao risco externo (OPENAVG7584 × TOTDLOGSTD)	1,869*	0,070	0,438**	0,067**	0,183***	0,056*
Número de observações	19	22	25	32	68	109
R^2 ajustado	0,75	0,18	0,23	0,09	0,48	0,51

*= 99% de significância; **= 95% de significância; *** = 90% de significância.

a. As regressões mostradas nas duas últimas colunas incluem os seguintes outros regressores: log (GDPSH585), log (DEPEND90), log (URBAN90), SOC, OCDE, LAAM, ASIAE e SAFRICA. Os coeficientes para esses regressores adicionais não estão mostrados. Ver o Apêndice para as definições das variáveis.

na regressão correspondente ao consumo do governo, embora o ajuste geral ainda não seja impressivo.

As duas últimas colunas exibem os resultados para todos os países para os quais os dados em questão estão disponíveis. Essas regressões também incluem controles adicionais para a renda *per capita*, estrutura econômica, demografia e região geográfica. O padrão dos sinais está mais uma vez de acordo com as expectativas, e os coeficientes estimados são, em sua maioria, significantes. Mas observe que as variáveis de interesse agora têm um desempenho muito pior na regressão correspondente aos gastos com seguridade social e previdência do que naquela correspondente ao consumo do governo. Atribuo isso ao fato de que os gastos com seguridade social e previdência são em grande parte um pouco de tudo nos países de baixa renda, e que a maioria desses países não tem capacidade para administrar sistemas de previdência adequados. É plausível que algumas das mesmas funções de seguridade sejam executadas nesses países mediante o emprego na administração pública e as aquisições de bens e serviços por parte do governo (como está captado em consumo do governo). Os resultados da regressão exibidos na última coluna da tabela corroboram fortemente essa hipótese. Ver Rodrik (1996) para mais evidências sobre esses números.[6]

Resumindo, as evidências *cross-country* apoiam fortemente as ideias anteriormente discutidas. Os gastos do governo – com seguridade social e previdência nos países ricos e com o consumo

---

6 Vários leitores têm ponderado se esses resultados podem se dever à correlação negativa entre o tamanho do país e a exposição ao comércio: os países maiores tendem a ter um comércio menor em relação ao PIB e, na presença de economias de escala na provisão de serviços públicos, vamos observar um relacionamento negativo entre o tamanho e a participação do governo. A resposta é que não parece haver esse viés. Os resultados aqui discutidos são robustos para a inclusão de medidas explícitas do tamanho do país – como população, PIB total e área terrestre – à direita das regressões (Rodrik, 1996).

nos países mais pobres – são mais elevados nos países que estão expostos a quantidades significativas de risco externo. Como a exposição ao risco externo é consequência tanto de níveis altos de comércio quanto da volatilidade nos preços dos produtos comercializados, é a interação desses dois que parece importar. Manter um deles constantes enquanto se varia o outro tem um efeito ambíguo sobre os gastos do governo.

Evidências dos dados de painel para os países da OCDE

As evidências *cross-country* têm várias falhas. Em particular, extrair inferências dessas evidências sobre as consequências das mudanças na abertura ou no risco externo para qualquer país é problemático, exceto em suposições muito restritivas. Por isso seria útil ter evidências suplementares extraídas de dados combinados *cross-country* e de séries cronológicas usando técnicas em painel. Apresento aqui esse tipo de evidências para os países industrializados avançados dos quais os dados anuais sobre os gastos sociais e os índices de impostos estão disponíveis desde meados da década de 1960.[7] Os países incluídos são em sua maioria membros da OCDE, incluindo Austrália, Áustria, Canadá, Dinamarca, Finlândia, França, Alemanha, Itália, Japão, Holanda, Noruega, Suécia, Reino Unido e Estados Unidos.

Entretanto, essa abordagem tem um problema próprio. Como a variável do risco externo é construída usando-se dados dos termos do comércio no período de 1971-1990, não é possível obter uma medida de variação no tempo do risco externo que seja independente da abertura. Por isso, diferentemente

---

7 Os dados usados nesta seção foram disponibilizados por Roberto Perotti (gastos com proteção social) e Gian Maria Milesi-Ferretti (impostos), aos quais sou grato. A fonte original para os dados de gastos é a OCDE.

A globalização foi longe demais?

do apresentado na seção anterior, não posso testar para ver se os gastos do governo reagem diferentemente à abertura e ao risco externo. A volatilidade dos termos do comércio será agora absorvida nos efeitos fixados para cada país. Mas posso examinar como os gastos do governo com as transferências de renda (assim como o consumo do governo) reagiram às mudanças na abertura, *de acordo com as quais são controlados os efeitos para o país e o ano.*[8]

Os resultados estão exibidos na Tabela 4 para dois tipos de gastos do governo: os gastos que são classificados pela OCDE como "gastos com proteção social", que incluem transferências de renda, e o consumo do governo. Ambos são expressos como percentagens do PIB. As variáveis explanatórias incluem a abertura (defasada) e o PIB *per capita*, assim como todo um conjunto de países e *dummies* anuais (os coeficientes para os últimos não estão mostrados separadamente). Encontro relação relativa entre a renda *per capita* e os gastos do governo de ambos os tipos, o que contraria a lei de Wagner.[9] Mais relevante para os meus propósitos, descubro que os gastos sociais e o consumo do governo respondem ambos negativamente aos aumentos defasados na abertura. Os coeficientes estimados sugerem que um aumento de cinco pontos percentuais nas parcelas de importações mais as exportações no PIB (que se traduz em um aumento na medida

---

8 Como alternativa, pode-se tentar construir uma estimativa de variação no tempo do risco externo usando-se dados dos termos do comércio para suba-mostras menores (por exemplo, usando janelas de cinco anos). Entretanto, o valor acrescentado dessa abordagem não é muito claro. Na estrutura atual, é razoável supor que o risco do comércio de cada país é absorvido no efeito fixado. As regressões em painel relatadas nessa seção também foram estimadas utilizando-se um modelo de efeitos aleatórios. Os resultados foram essencialmente idênticos e por isso não estão apresentados aqui.

9 A lei de Wagner estabelece que a demanda por serviços públicos é elástica em relação à renda, de modo que a parcela de gastos do governo na renda nacional aumenta à medida que a renda aumenta.

de abertura de dez pontos percentuais) resulta em uma redução nos gastos sociais de cerca de 0,3 pontos percentuais.

A tabela também adiciona como regressores variáveis *dummy* para a presença de restrições à mobilidade do capital, tanto individualmente quanto em interação com a abertura.[10] Os resultados são interessantes porque mostram que o efeito negativo da abertura nos gastos é particularmente forte em países ou períodos sem restrições à mobilidade do capital. Daí a magnitude do efeito discutido no parágrafo anterior ser mais do que duplicado nos casos em que a balança de capital é totalmente irrestrita.

Como podemos relacionar os resultados dessa seção com aqueles da anterior? Eles são menos conflitantes do que podem de início parecer. A pergunta que estamos formulando agora é a seguinte: qual é a relação entre a abertura e os gastos do governo, mantendo-se constante a volatilidade dos termos do comércio? As evidências *cross-country* sugeriram que a resposta é ambígua porque há efeitos de compensação a serem considerados. Para qualquer risco dos termos do comércio, um aumento na abertura aumenta a demanda por seguro social, mas também reduz a capacidade para financiar os gastos necessários. Qual efeito vai dominar empiricamente depende do nível preciso em que a volatilidade dos comércios está sendo mantido constante. Para um conjunto de países com altos níveis de volatilidade dos termos do comércio, os resultados *cross-country* sugerem que a abertura aumentada estará associada a um gasto expandido. Por outro lado, para os países com baixos níveis de volatilidade dos termos do comércio, como os países da OCDE, o inverso será verdadeiro e a abertura aumentada estará asso-

---

10 A fonte para as variáveis *dummy* é a tabela resumida dos relatórios anuais do Fundo Monetário Internacional sobre os acordos cambiais e as restrições cambiais. Sou grato a Andy Rose por me disponibilizar esse conjunto de dados em formato eletrônico.

A globalização foi longe demais?

Tabela 4 Relacionamento entre os gastos do governo (como percentagem do PIB) e a abertura nos países da OCDE, 1966-1991[a]

Variável independente	Gastos sociais	Consumo do governo	Gastos sociais	Consumo do governo
Abertura (defasada)	-0,028*** (0,015)	-0,029* (0,013)	0,064* (0,018)	-0,053* (0,013)
PIB *per capita*	0,001* (0,000)	0,001* (0,000)	0,001* (0,000)	0,001* (0,000)
Abertura (defasada) × restrições à balança de capital			0,030** (0,012)	0,021* (0,006)
Restrições à balança de capital			-0,041 (0,730)	-0,023 (0,353)
F	56,47	10,31	47,85	13,10
Prob > F	0,000	0,000	0,000	0,000
Número de observações	502	571	426	456
R^2	0,77	0,35	0,77	0,46

*= 99% de significância; **= 95% de significância; *** = 90% de significância.
a. Os dados são anuais. Estimados usando-se efeitos fixados. *Dummies* anuais incluídos (coeficientes não mostrados). Os erros-padrão estão entre parênteses.

ciada à redução nos gastos do governo. É realmente isto que as observações sugerem.[11]

---

11 Por exemplo, a primeira coluna da Tabela 3 mostra a mudança nos gastos sociais à medida que aumenta a abertura, que é dada por -0,170 + (1,869 × TOTDLOGSTD). Para os níveis de TOTDLOGSTD menores que 0,170/1,869 = 0,091, o relacionamento é negativo. O valor da mediana para TOTDLOGSTD para a amostra da OCDE está logo acima desse limiar, em 0,092. Isso supõe, é claro, que as evidências *cross-country* e de séries cronológicas podem ser diretamente comparadas dessa maneira. Uma perspectiva alternativa é que as evidências *cross-country* refletem algumas tendências de longo prazo, enquanto as evidências em painel são mais próximas dos ajustes de curto prazo.

Por isso, o resultado final é que a abertura aumentada desde meados da década de 1960 tem sido associada a reduções na atividade do governo nos países industrializados avançados. Por isso, embora os países que estão expostos a quantidades significativas de risco externo tradicionalmente tenham tido governos que desempenham um papel mais substancial na provisão de seguridade social, torna-se cada vez mais difícil cumprir esse papel como avanços da integração econômica.

A maneira em que o dilema tem sido resolvido no lado das receitas é bastante interessante (Tabela 5). Essa tabela mostra resultados de regressões em painel similares àqueles anteriores, exceto pelo fato de que as variáveis dependentes são agora as taxas de impostos sobre os trabalhadores e a renda do capital, respectivamente. Essas taxas de impostos foram estimadas a partir de balanços da renda nacional por Mendoza, Milesi-Ferreti e Asea (1996), utilizando uma metodologia desenvolvida por Mendoza, Razin e Tesar (1994). Esses balanços estão disponíveis para o período de 1965-1991 para dezoito países da OCDE.[12] A tabela mostra que os impostos sobre o trabalho respondem positivamente aos aumentos na abertura defasada, enquanto os impostos sobre o capital respondem negativamente: o coeficiente estimado sobre a abertura é positivo e estatisticamente significante na regressão dos impostos sobre o trabalho, enquanto é negativo e estatisticamente significante na regressão dos impostos sobre o capital. Em outras palavras, há fortes evidências de que à medida que a integração econômica avança, a carga dos impostos dos programas de seguro social se desloca do capital para o trabalho.

Mais evidências visuais são exibidas na Figura 4, que mostra a média não ponderada das taxas de impostos sobre o capital e o trabalho em quatro importantes países industrializados: Alema-

---

12 Estes são Alemanha, Austrália, Áustria, Bélgica, Canadá, Dinamarca, Espanha, Estados Unidos, Finlândia, França, Holanda, Itália, Japão, Noruega, Nova Zelândia, Reino Unido, Suécia e Suíça.

A globalização foi longe demais?

Tabela 5 Relação entre os impostos e a abertura nos países da OCDE, 1965-1992[a].

Variável independente	Taxa de imposto sobre a renda do trabalho	Taxa de imposto sobre a renda do capital	Taxa de imposto sobre a renda do trabalho	Taxa de imposto sobre a renda do capital
Abertura (defasada)	0,108* (0,019)	–0,122** (0,051)	0,069* 0,021)	–0,082 (0,051)
PIB *per capita*	0,000 (0,000)	–0,000 (0,001)	–0,000 (0,000)	–0,000 (0,001)
Abertura (defasada) × restrições à balança de capital			0,061* (0,020)	0,256* (0,052)
Restrições à balança de capital			–1,135 (0,925)	–14,330* (2,394)
F	45,61	8,43	41,35	8,72
Prob > F	0,000	0,000	0,000	0,000
Número de observações	371	371	343	343
R^2	0,80	0,42	0,80	0,46

*= 99% de significância; **= 95% de significância.
a. Os dados são anuais. Estimados usando-se efeitos fixados. *Dummies* anuais incluídos (os coeficientes não são mostrados). Os erros-padrão estão entre parênteses.

nha, Estados Unidos, França e Reino Unido. As duas tendências exibem um momento crítico no início da década de 1980. Desde o início da década de 1980, os impostos sobre o capital diminuíram acentuadamente, enquanto os impostos sobre o capital se mantiveram aumentando na mesma proporção que antes.

Portanto, as evidências sugerem três coisas: a globalização reduz a capacidade dos governos para gastar recursos em programas sociais, dificulta mais taxar o capital e o trabalho agora arca com uma parcela crescente da carga dos impostos.

Figura 4 Alemanha, Estados Unidos, França e Reino Unido: impostos sobre o trabalho e o capital, 1970-1991

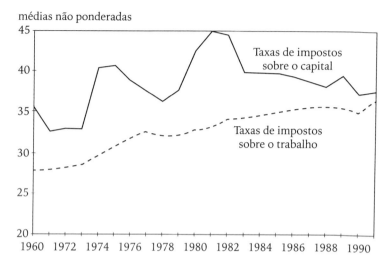

Recapitulação

Em geral é aceito que a integração na economia mundial reduz a capacidade dos governos para realizar uma taxação redistributiva ou implementar programas sociais generosos. As evidências discutidas anteriormente reforçam essa suposição. Não é tão bem compreendido que isso possa criar um sério dilema no que diz respeito a manter o apoio político para os mercados abertos. Este capítulo proporcionou evidências concretas também dessa questão. Em particular, mostrou que as sociedades (tanto as ricas quanto as pobres) têm demandado e recebido um papel governamental maior como o preço de se exporem a quantidades maiores de risco externo.[13] Interpreto essa evi-

---

13 Esse argumento é paralelo à visão expressada por Sinn (1995 e 1996) de que o Estado de bem-estar social é um mecanismo de seguridade que torna a carreira de toda uma vida mais segura e, portanto, encoraja que se assuma riscos benéficos.

dência como indicando uma tensão entre as consequências da globalização e as exigências de se manter a legitimidade social do livre-comércio.

A ordem econômica do pós-guerra era baseada em uma barganha que John Ruggie denominou de "o compromisso do liberalismo incorporado": "As sociedades foram solicitadas a abraçar a mudança e o deslocamento que acompanha a liberalização internacional. Em troca, a liberalização e seus efeitos foram protegidos pelos papéis recém-adquiridos do governo de política doméstica econômica e social" (Ruggie, 1995, p.508).

Por qualquer padrão, essa barganha tem servido extremamente bem à economia mundial. Estimulado pela liberalização, o comércio mundial se expandiu fenomenalmente desde a década de 1950, sem provocar deslocamentos sociais importantes ou gerar muita oposição nos países industrializados avançados.

Apesar da percepção de uma reação contra o Estado de bem-estar, os princípios que estão por trás dele permanecem altamente populares entre amplos segmentos da sociedade. No Reino Unido, por exemplo, onde a revolução conservadora talvez tenha ido mais longe, uma análise das pesquisas de opinião conclui: "Não houve um movimento forte contra o Estado de bem-estar. Ao contrário, os principais serviços são tão fortemente apoiados quanto o foram em qualquer tempo desde a guerra" (Taylor-Gooby, 1985, p.51). Nos Estados Unidos, a Seguridade Social, o Medicare e o seguro-desemprego também continuam muito populares. A parcela de entrevistados que rejeita cortes na Seguridade Social para equilibrar o orçamento está consistentemente acima de 80%.[14] Uma pesquisa internacional realizada em 1985,

---

14 Pode-se até argumentar que a década de 1980 experimentou uma mudança na opinião pública dos Estados Unidos para um sentimento mais positivo com relação ao tamanho e ao poder do governo. Escrevendo no jornal conservador *The Public Interest*, em 1992, Mayer (1992, p.15) diz: "Não só a opinião pública atualmente apoia mais os gastos domésticos, mas também reage menos a temas conservadores como impostos e um grande governo".

no auge da revolução conservadora (resumida na Tabela 6), revela um apoio popular substancial em grande parte da Europa e nos Estados Unidos para a expansão dos gastos em programas sociais. Entretanto, como esperado, há também algumas importantes diferenças de classe nas preferências para o gasto social, particularmente nos países anglo-saxônicos (Estados Unidos, Grã-Bretanha e Austrália).

Mas será que a barganha do "liberalismo incorporado" pode ser sustentada? É questionável que possa, caso os governos percam sua autonomia em gerar lucros de impostos e em moldar as políticas sociais. Mais uma vez nas palavras de Ruggie (1994, p.2), uma "fonte de problemas potencialmente sérios para o regime do comércio internacional [é] a crescente incapacidade de os governos sustentarem internamente sua parte do compacto social da qual tem dependido a liberalização internacional do pós-guerra". O fato de a confiança no governo ter declinado na maioria dos países industrializados avançados (Nye, 1996), embora o apoio às suas funções de prover bem-estar permaneça alto, é indicativo dessa tensão.

Não pretendo sugerir que o governo seja o único provedor de seguro social nas economias modernas, nem insinuar que tal seguro seja mais bem provido no nível dos governos nacionais. Há instituições mediadoras, como os governos locais, organizações religiosas, instituições beneficentes privadas e a família ampliada, que desempenham o mesmo papel. Muitos destes, é claro, têm sofrido o mesmo tipo de pressões que os governos nacionais sob a força da globalização. No futuro, talvez o seguro social recaia mais sobre essas outras instituições e sobre outras que ainda não estão desempenhando esse papel. O que parece claro é que precisamos de algumas ideias criativas sobre como prover o seguro social e, desse modo, estimular a estabilidade na nova economia global.

A globalização foi longe demais?

Tabela 6 Apoio público aos programas sociais (percentagem favorável)

Programa	Reino Unido	Estados Unidos	Austrália	Alemanha Ocidental	Áustria	Itália
Mais gastos com a atenção à saúde						
Quartel mais pobre	90	66	69	54	73	82
Quartel mais rico	84	54	55	33	59	78
Mais gastos nas pensões						
Quartel mais pobre	87	60	63	51	61	79
Quartel mais rico	63	37	45	32	50	75
Mais gastos nos benefícios-desemprego						
Quartel mais pobre	59	47	19	41	27	63
Quartel mais rico	25	14	7	19	13	52
Redução por parte do governo das diferenças de renda entre aqueles com altas e baixas rendas						
Quartel mais pobre	58	49	51	63	70	79
Quartel mais rico	37	22	30	52	62	64

Fonte: Taylor-Gooby (1989).

5
Implicações

Se os argumentos apresentados neste livro estão corretos, dois perigos surgem da complacência com relação às consequências sociais da globalização. A primeira delas, e mais óbvia, é uma reação política adversa ao comércio. A candidatura de Patrick Buchanan nas primárias republicanas das eleições presidenciais de 1996 revelou que o protecionismo pode ser uma negociação bastante fácil quando amplos segmentos da sociedade norte-americana estão experimentando ansiedades ligadas, pelo menos em parte, à globalização. Fica-se imaginando o quanto teria sido maior o apoio a Buchanan se o índice de desemprego tivesse sido, digamos, 10% em vez de 5,6%. Os economistas podem se queixar de que o protecionismo é uma mera poção mágica e declarar que as enfermidades requerem remédios totalmente diferentes. Mas os argumentos intelectuais não conquistarão corações e mentes a menos que haja ofertas de soluções concretas. A proteção do comércio, apesar de suas falhas, tem o benefício da concretude.

Talvez os futuros Buchanans venham a ser finalmente derrotados, como o próprio Buchanan, pelo bom-senso do público.

Mesmo assim, há um segundo perigo, talvez ainda mais sério: que a globalização venha a contribuir para a desintegração, à medida que as nações forem divididas em termos de *status* econômico, mobilidade, região ou normas sociais. Mesmo sem uma reação protecionista adversa, uma vitória da globalização à custa da desintegração social será uma vitória na verdade muito inexpressiva.

A desintegração social à custa da integração econômica?

Se não forem bem administradas, as pressões sociais desencadeadas pela integração econômica global provavelmente resultarão em uma má economia *e* em um mau governo. Não apenas porque a globalização destaca e exacerba as tensões entre os grupos, o que realmente ela faz, mas também porque reduz a disposição de grupos internacionalmente móveis para cooperar com outros na resolução de desacordos e conflitos.

As companhias perspicazes tenderão a atender suas próprias comunidades à medida que se globalizarem. Mas um empregador que tem uma opção de "saída" é aquele com menor probabilidade de exercer a opção de se "expressar". É muito mais fácil recorrer à terceirização do que entrar em um debate sobre como revitalizar a economia local. Isso significa que os donos dos fatores internacionalmente móveis se tornarão desengajados de suas comunidades locais e desinteressados em seu desenvolvimento e em sua prosperidade – assim como a fuga para o subúrbio em uma época anterior condenou muitas áreas urbanas à negligência. Bernard Crick (1962, p.24) escreveu que

> Diversos grupos [da sociedade] se uniram porque praticam política – não porque concordam com os "princípios fundamentais" ou com algum desses conceitos muito vagos, muito pessoais ou

A globalização foi longe demais?

muito divinos para se realizar o trabalho da política em seu nome. O consenso moral de um Estado livre não é algo misteriosamente anterior ou acima da política: é a atividade (a atividade civilizadora) da própria política.

Ou, como disse Albert Hirschman (1994, p.25), "o espírito comunitário que é normalmente necessário em uma sociedade de mercado democrática tende a ser espontaneamente gerado através da experiência de administrar os conflitos que são típicos dessa sociedade". Mas e se a globalização reduz os incentivos para "administrar" esses conflitos? E se, reduzindo o engajamento cívico dos grupos internacionalmente móveis, a globalização afrouxar os laços cívicos que unem as sociedades e exacerbar a fragmentação social?[1]

Portanto, a globalização desfere um duplo golpe na coesão social – primeiro, exacerbando o conflito sobre as crenças fundamentais relacionadas à organização social; depois, enfraquecendo as forças que normalmente militariam em prol da resolução desses conflitos mediante debates e deliberações nacionais.

Esses desenvolvimentos estão afetando todas as sociedades expostas à globalização, com muitos países em desenvolvimento talvez ainda mais expostos do que os países industrializados avançados. Vale a pena citar extensivamente uma análise recente da sociedade mexicana realizada por Jorge Castañeda. Castañe-

---

1 Aqui o debate sobre a globalização se une ao debate sobre o capital social (Putnam, 1996). Putnam documenta um declínio significativo na participação cívica nos Estados Unidos e o atribui, em grande parte, à televisão. Há agora evidências empíricas consideráveis que sugerem que a fragmentação social é prejudicial ao desempenho econômico. Alesina e Rodrik (1994), entre outros, mostram que a desigualdade de renda reduz o crescimento econômico subsequente; Knack e Keefer (1996) encontram níveis de confiança social positivamente correlacionados com o investimento; e Easterly e Levine (1996) encontram uma forte correlação negativa entre um índice de fragmentação etnolinguística e os subsequentes níveis de crescimento econômico.

da (1996, p.95) fala de "uma cisão que está rapidamente dividindo a sociedade mexicana":

> Essa divisão separa aqueles mexicanos conectados à economia dos Estados Unidos daqueles que não o estão [...]. Ela divide os mexicanos que são altamente sensíveis à política macroeconômica do governo daqueles que são indiferentes a ela. Separa aqueles que corretamente acreditam que a política e os eventos no México ainda determinam o seu destino daqueles que também muito corretamente entendem que as decisões mais fundamentais para suas vidas são tomadas em Washington e em Nova York. Divide os mexicanos que permanecem às margens dos fluxos globais do capital, dos bens e dos serviços, mesmo que não estejam às margens da sociedade mexicana, daqueles que estão sendo consistentemente integrados nesses fluxos. Esse grupo crescente de mexicanos orientados para os Estados Unidos está isolado de grande parte da tribulação econômica do país e é relativamente complacente com relação ao seu árduo trabalho político.

Com entre um quinto e um quarto da população mexicana ligada desse modo à economia mundial, Castañeda duvida que ocorra uma explosão social. Mas, como ele enfatiza, a presença desse grupo também torna menos provável uma reforma significativa: "Sem participação na mudança política, [os segmentos da sociedade mexicana ligados à economia mundial] também têm pouca razão para estimulá-la" (Castañeda, 1996, p.100). O relato de Castañeda descreve vivamente uma forma extrema das síndromes associadas à globalização juntamente com a desintegração social.

Os mercados são uma instituição social, e sua existência continuada está estabelecida na percepção de que seus processos e resultados são legítimos. Como declarou Karl Polanyi (1944) há mais de cinquenta anos, o mercado internacional é o único mercado que não é regulado por uma autoridade política abrangente. Consequentemente, as transações realizadas no

A globalização foi longe demais?

mercado internacional carregam a menos inerente legitimidade. Isso em si é uma fonte contínua de tensão entre a globalização e a sociedade. O problema piora muito quando segmentos da sociedade são percebidos como tendo rompido seus vínculos com suas comunidades locais e se tornam descompromissados. As instituições que perdem sua legitimidade não podem mais funcionar, e os mercados não são diferentes.

Como disse John Ruggie (1995, p.508), "Em alguns aspectos [...] o mundo [atual] se encontra diante de um desafio que não é diferente daquele que enfrentou em 1945: criar formas compatíveis de liberalização internacional e estabilidade doméstica". Esse desafio é aumentado por algumas dificuldades básicas. Os Estados Unidos não estão dispostos a, nem são capazes de desempenhar o tipo de papel de liderança que desempenharam logo após a Segunda Guerra Mundial, e não há nenhum líder alternativo. Talvez – o que é mais sério – haja uma ausência de estratégias segundo as quais proceder, mesmo que os Estados Unidos ou outro país ocupassem a liderança.

Implicações políticas

Como foi enfatizado no capítulo introdutório, muitas das mudanças fundamentais que ocorreram na economia global são agora irreversíveis. Avanços no transporte e nas tecnologias das comunicações tornam as fronteiras nacionais mais permeáveis à competição estrangeira do que jamais foram, e nada pode alterar isso, exceto restrições governamentais drásticas. O protecionismo não é uma solução porque geraria seu próprio conjunto de conflitos sociais, mesmo que se descontassem seus custos em termos de eficiência econômica. Não há soluções fáceis. Precisamos pensar de maneira imaginativa e criativa, sem nos deixar cegar por ideologias que nos conduzam a negligenciar os problemas e/ou suas potenciais soluções.

John Maynard Keynes, um dos arquitetos do sistema econômico internacional do pós-guerra, declarou certa vez que a ausência de alternativas inteligentes para o livre-comércio e para o liberalismo econômico era um obstáculo fundamental à implementação de um sistema social mais desejável. "Deve-se admitir", escreveu ele, "que [os princípios do *laissez-faire*] foram ratificados nas mentes dos pensadores sólidos e do público razoável pela qualidade deficiente das propostas oponentes – o protecionismo por um lado e o socialismo marxiano por outro" (Keynes, 1972 [1926], p.285). Keynes, é claro, dificilmente era um adepto do comércio livre total.[2] O que precisamos hoje é o mesmo tipo de abordagem pragmática aos problemas de política pública que Keynes ofereceu em seu próprio tempo.

O papel dos economistas

Os economistas têm um grande papel nisso. Os economistas internacionais, em particular, têm sido demasiado panglossianos em relação às consequências da globalização. Sua abordagem

---

2 Ele via, em particular, um papel potencial para as tarifas de importação – por razões keynesianas que tinham a ver com a demanda agregada e o emprego. Em um artigo frequentemente citado, intitulado "National Self-Sufficiency" (publicado em 1933), ele chegou ao ponto de dizer que as relações econômicas entre as nações poderiam ser uma fonte de conflito internacional. Daí a famosa passagem: "Por isso, eu simpatizo com aqueles que minimizariam, e não com aqueles que maximizariam, o enredamento econômico entre as nações. Ideias, conhecimento, arte, hospitalidade, viagens – essas são coisas que devem por sua natureza ser internacionais. Mas deixemos os produtos serem feitos em casa sempre que for razoável e convenientemente possível; e, acima de tudo, serem financiados principalmente com capital nacional". O restante do parágrafo não é citado tão frequentemente: "Entretanto, ao mesmo tempo, aqueles que procuram desembaraçar um país de seus enredamentos devem ser lentos e cautelosos. Essa não deve ser uma questão de arrancar as raízes, mas de lentamente treinar uma planta para crescer em uma direção diferente" (Keynes, 1982 [1933], p.236).

A globalização foi longe demais?

das consequências do mercado de trabalho, uma área em que eles têm realmente se envolvido no debate, tem sido muito estreita, resultando em uma tendência a minimizar o papel do comércio. Eles têm sido demasiado rápidos em pintar aqueles que têm tomado uma postura mais preocupada como sendo ignorantes em economia ou como protecionistas enrustidos (e às vezes ambos). Em grande medida como consequência disso, eles se afastaram do debate político. Isso é lamentável, porque a economia tem muito a contribuir aqui.

Por exemplo, há muito a se pensar sobre como planejar políticas e instituições apropriadas que possam lidar melhor com a necessidade de se prover seguro social, que eu tenho defendido como sendo um complemento fundamental para a expansão dos mercados globais. Como um princípio geral, quanto mais as políticas se destinarem às fontes do problema, menos custos elas vão envolver. Se os riscos externos que atingem as economias e os trabalhadores nacionais fossem totalmente observáveis, um conjunto de transferências dependentes da compreensão dos choques funcionaria melhor. Mas o mundo é obviamente complicado demais para soluções do tipo otimização absoluta [*first-best*] e nós teremos realisticamente que sacrificar alguma eficiência. Por isso, os economistas podem ajudar a desenvolver alternativas práticas que proporcionem algum isolamento para os grupos mais afetados sem enfraquecer totalmente os incentivos do mercado. Não está inteiramente claro o papel que a política comercial deve desempenhar nisso, se é que deve desempenhar algum.[3]

De modo semelhante, a mobilidade tanto do capital quanto dos empregadores agrava os riscos que os grupos imóveis enfrentam e lhes torna mais difícil gerar os recursos públicos

---

3 Como expressou Avinash Dixit em seus comentários sobre um esboço anterior, "planejar sistemas de seguro social mais eficientes, moldados para os choques particulares que importam a países particulares, que lhes permitam assegurar mais dos benefícios da integração e sofrer menos os custos sociais dela decorrentes, é exatamente o tipo de tarefa certa para os economistas".

necessários para financiar os esquemas de seguro social. Se isso resulta em a globalização se levantar contra as restrições sociais e políticas e em uma reação contra o comércio, a mobilidade dos empregadores cria uma externalidade negativa de âmbito mundial. Uma implicação lógica disso é que algumas taxações dos fatores flexíveis no nível global, com o compartilhamento da renda entre as nações, podem precisar ser consideradas. Há um paralelo aqui com a discussão continuada sobre a taxa Tobin, com a diferença de que a ideia atual se aplica ao capital físico (mais que ao financeiro). Mais uma vez, há muito que se pensar sobre a razão de ser e o planejamento de uma política desse tipo.

Finalmente, os economistas podem se basear nas literaturas da economia institucional e da economia política para formular planejamentos para um novo sistema de salvaguardas globais. Como argumentarei melhor posteriormente, tratar das preocupações aqui discutidas vai requerer um misto de maior disciplina multilateral e um acesso mais amplo a uma cláusula de exceção. O desafio é capacitar os países que estão dispostos a se engajar em uma maior harmonização das políticas domésticas a fazerem isso, e ao mesmo tempo permitir-lhes seletivamente se desvincularem das obrigações internacionais quando estas entrarem em conflito com normas ou instituições domésticas. A melhor maneira de se conseguir isso é um excitante desafio intelectual, com recompensas práticas potencialmente grandes. Discutirei minhas próprias ideias mais adiante neste capítulo.

Por isso, os economistas poderiam desempenhar um papel muito mais construtivo se reconhecessem que as tensões entre a estabilidade social e a globalização são reais. Eles poderiam desenvolver as estruturas conceituais necessárias para se repensar os papéis dos governos e das instituições internacionais nessa nova fase da economia global. Poderiam ajudar os políticos a encontrar as ferramentas e os instrumentos necessários para se atingir os objetivos políticos, em vez de discordarem dos objetivos ou negarem que o problema exista.

A globalização foi longe demais?

Tornando-se engajados nesse debate mais amplo, os economistas podem estabelecer maior credibilidade com o público à medida que tentam esclarecer os mal-entendidos que os oponentes do comércio com frequência propagam. Manter o debate honesto e fundamentado em evidências empíricas sólidas é um papel natural para os economistas.

O recente livro de William Greider, *One World, Ready or Not – The Manic Logic of Global Capitalism* (1997), ilustra o apelo, para alguns comentaristas, de muitas concepções populares equivocadas. Um dos principais temas do livro de Greider – que a expansão global dos mercados está destruindo a coesão social e inexoravelmente movendo o mundo rumo a uma importante crise econômica e política – pode ser encarado simplesmente como uma expressão mais ampla do perigo potencial que tenho destacado aqui. Certamente, sou simpático a muitas das preocupações de Greider – as consequências para os trabalhadores não qualificados nos países industrializados avançados, o enfraquecimento das redes de segurança social e a repressão dos direitos políticos em alguns exportadores importantes, como China e Indonésia. Entretanto, a negligência do livro em relação a uma análise econômica profunda e a evidências empíricas sistemáticas o tornam uma dissertação muito pouco confiável do que está acontecendo e um manual falho para consertar as coisas.

As concepções equivocadas que emergem no livro de Greider são fáceis para os economistas corrigirem. Greider está errado, por exemplo, em pensar que os baixos salários são a força impulsora que está por trás do comércio global atual. Se fosse assim, os mais formidáveis exportadores do mundo seriam Bangladesh e alguns países africanos. O que ele falha em levar em conta é a importância das diferenças entre os países em termos da produtividade do trabalhador. Além disso, Greider (1997, p.205) está errado em atribuir o déficit comercial dos Estados Unidos ao "comportamento desequilibrado" dos padrões comerciais do país. Se as políticas comerciais determinassem os desequilíbrios do comércio, a Índia, até recentemente um dos países mais protecionistas do mundo, estaria operando grandes excedentes comerciais. É um erro declarar que "a economia global [é] agora uma transação deficitária para a nação como um todo", porque os pagamentos de fator líquido dos Estados Unidos no estrangeiro são positivos (Greider, 1997, p.202). Está longe de ser verdade que a industrialização orientada para o exterior nos países do Sudeste Asiático tenha tornado a vida pior e não melhor para os ex-fazendeiros que agora trabalham arduamente nas fábricas. Em geral, não é verdade que as companhias de propriedade estrangeira nos países em desenvolvimento proporcionam condições de trabalho inferiores àquelas disponíveis em outras áreas da economia; na verdade, o inverso é mais frequentemente verdadeiro.

Greider está particularmente equivocado em pensar que o capitalismo global inevitavelmente gera excesso de oferta. Esse é o principal argumento do livro e, fundamentalmente, a razão principal de Greider achar que o sistema irá se autodestruir. Considere sua discussão da terceirização de alguns componentes da Boeing para a Xian Aircraft Company na China (Greider, 1997, p.155):

> Quando o novo trabalho de produção se deslocou para Xian de lugares como os Estados Unidos, o sistema global estava, na verdade, trocando trabalhadores industriais altamente remunerados por trabalhadores muito baratos. Em termos mais grosseiros, a Boeing estava trocando um maquinista norte-americano que lhe custava 50 mil dólares por um maquinista chinês que ganhava 600 ou 700 dólares por ano. Qual deles podia comprar os produtos do mundo? Desse modo, ainda que as rendas e o poder de compra estivessem se expandindo bastante entre os novos consumidores da China, o efeito geral era uma erosão do poder de compra potencial do mundo. Se multiplicássemos o exemplo de Xian por muitas fábricas e setores industriais, assim como para outros países ambiciosos, poderíamos começar a visualizar por que o consumo global era incapaz de corresponder à produção global.

A globalização foi longe demais?

O argumento faz pouco sentido, como qualquer economista poderia argumentar. O trabalhador chinês que ganha apenas uma fração minúscula do que ganha sua contraparte norte-americana provavelmente demonstrará uma produtividade comensuravelmente menor. Mesmo que esse não fosse o caso e que os salários dos trabalhadores chineses fossem achatados abaixo do que a sua produtividade deveria lhes proporcionar, o resultado é uma *transferência* no poder de compra – para os acionistas da Boeing e para os empregadores chineses – e não uma diminuição do poder de compra. Talvez Greider esteja pensando que os acionistas da Boeing e os empregadores chineses têm uma menor propensão ao consumo do que os trabalhadores chineses. Mas se esse é o raciocínio de Greider, onde estão o argumento e as evidências? Onde está o excedente global nas economias e o declínio secular nos índices de juros reais que certamente estaríamos observando se a renda estivesse se deslocando dos poupadores de pequeno porte para os poupadores de grande porte?

Pode ser injusto criticar duramente Greider, especialmente porque algumas de suas outras conclusões são dignas de ser seriamente consideradas. Mas os equívocos que seu livro exibe são lugar-comum no debate sobre a globalização e não o avançam. Os economistas profissionais têm o dever de expor esses equívocos e explicá-los a uma audiência mais ampla. Mas para se tornarem mediadores realmente honestos, os economistas devem demonstrar mais humildade, menos arrogância e uma disposição para ampliar o seu foco.

O papel dos defensores do trabalhador

Deveria haver agora pouca dúvida na mente do leitor de que sou simpático às dificuldades experimentadas pelos trabalhadores em uma economia globalizada. Na verdade, grande parte deste livro é dedicada a argumentar que, no que diz respeito aos trabalhadores pouco qualificados ou menos instruídos, o comércio opera de uma maneira menos benigna do que admite a maioria dos economistas especialistas em comércio internacional. Os políticos têm de estar conscientes desse fato e planejar de acordo com isso o seu comércio e outras políticas. Mas há aqui também uma importante responsabilidade a ser assumida pelos grupos trabalhistas.

O destaque político da voz do trabalhador nos Estados Unidos (e em menor extensão na Europa) está atualmente diminuído por pelo menos três forças. Em primeiro lugar, as mesmas pressões que reduzem o poder de barganha do trabalhador no local de trabalho reduzem também o seu poder no mercado político. À medida que os governos cada vez mais competem por empresas e capital flexíveis, os interesses dos trabalhadores (que, afinal, não têm outro lugar para onde ir) são relegados a segundo plano. A "competitividade" torna-se sinônimo de custos de mão de obra, podendo ser aumentada por reduções de benefícios e salários. Em segundo lugar, a vinculação excessiva do trabalhador a um único partido político nos Estados Unidos (e no Reino Unido) diminui o seu poder político. Os partidos políticos naturalmente reagem mais aos interesses daqueles que estão prontos a transferir a sua lealdade aos partidos concorrentes do que aos interesses de grupos cativos.[4] Em terceiro lugar, a receptividade do público em geral às ideias dos defensores do trabalhador é muito reduzida pelo teor protecionista que muito frequentemente caracteriza essas ideias.

Os grupos trabalhistas não podem fazer muito a respeito do primeiro desses fatores. O segundo também é difícil de mudar. Os defensores do trabalhador podem fazer a maior diferença ao se distanciarem de ideias protecionistas. Isto resultaria na defesa de uma abordagem mais pragmática e, por isso, mais produtiva da política comercial. Também lançaria a base para o reposicionamen-

---

4 Ver Dixit e Londregan (no prelo) para um modelo teórico que explica esse resultado.

A globalização foi longe demais?

to político necessário para fazer os partidos políticos de *ambas* as extremidades do espectro político competirem pelo apoio do trabalhador. Então, livrar-se das ideias protecionistas não somente serviria melhor aos interesses do trabalhador, mas também aumentaria seu poder político.

Essas ideias protecionistas encontram expressão mais frequentemente em queixas sobre "baixo salário, competição de baixo custo" dos países em desenvolvimento. Mas essas condenações amplas do comércio erram o alvo. Elas ignoram o fato de que grande parte da diferença nos custos de mão de obra se deve tipicamente a níveis mais baixos de produtividade no trabalho nos países exportadores. Os salários em um país exportador pobre que são um décimo do nível dos Estados Unidos não prejudicam os trabalhadores dos Estados Unidos, quando a produtividade no trabalho é também mais baixa por um fator de dez.[5] Mais amplamente, as lacunas nos custos de mão de obra, que se devem a diferenças na abundância relativa de mão de obra entre os países, são a base dos ganhos do comércio. Faz pouco sentido restringir o comércio apenas por essa razão, assim como faz pouco sentido restringir o progresso tecnológico.

Considere, por exemplo, a seguinte declaração de um representante da AFL-CIO:

> Despendemos grande parte do nosso tempo falando sobre livre-comércio, vantagens comparativas etc., e tenho certeza de que esses são conceitos importantes e certamente nós, do movimento dos trabalhadores dos Estados Unidos, estamos de acordo com eles. A mão de obra tem se beneficiado muito da liberdade e do livre-comércio, não apenas internacionalmente, mas também domesticamente, das vantagens competitivas que resultam de se

---

5 Freeman (1994b) acha que aproximadamente 80% da diferença no pagamento por hora entre os Estados Unidos e o México são responsáveis pelas diferenças no misto de habilidades dos trabalhadores dos dois países e pelas diferenças no poder de compra dos salários.

ter uma sociedade produtiva tão grande e tão diversa como temos nos Estados Unidos, mas o movimento trabalhista norte-americano sempre assumiu a posição de que, *na máxima extensão possível, os custos de mão de obra deveriam ser removidos da equação*, porque a mão de obra é mais do que apenas um custo da produção. O trabalho envolve dignidade humana; envolve outra dimensão geral além do capital, dos juros ou dos outros fatores de produção e, por isso, tem de ser tratado de maneira muito diferente deles (apud Leebron, 1996, nota 67, grifo nosso).

"A remoção dos custos de mão de obra da equação", como requer essa declaração, removeria a principal fonte de vantagem comparativa para os países em desenvolvimento e privaria a economia norte-americana dos ganhos do comércio dela decorrentes.

Na medida em que há preocupações com a justiça, a questão não são os custos da mão de obra por si só, mas como eles são determinados. As discussões populares do comércio com frequência atenuam essa distinção. Seja como for, a principal ameaça competitiva à mão de obra norte-americana, exceto em alguns setores de trabalho altamente intensivo, vem de trabalhadores de outros países avançados, muitos dos quais têm normas de trabalho e níveis de benefício superiores àqueles dos Estados Unidos.

Por isso, o movimento trabalhista não pode se permitir ser, ou ser percebido como, contra o comércio. Isso requer o reconhecimento por parte dos sindicatos dos trabalhadores de que as importações andam lado a lado com as exportações. Não se pode ser a favor das exportações e contra as importações sem cometer falácias mercantilistas. Similarmente, os defensores do trabalhador têm de aceitar que os déficits do comércio são consequência de realidades macroeconômicas; têm pouco a ver com as políticas comerciais do estrangeiro e não podem ser corrigidas por restrições ao comércio dentro do país. Quanto antes o movimento trabalhista se livrar dessas ideias equivocadas, mais cedo ele encontrará aliados na economia e na comunidade política.

O trabalhador deve defender uma economia global que tenha uma face mais humana – uma face que reconheça a diversidade nacional e deixe espaço para diferenças nacionais nas instituições. Domesticamente, deve atuar em defesa das instituições do mercado de trabalho que aumentem a mobilidade dos trabalhadores e reduzam os riscos que eles enfrentam (algumas ideias para esse fim estão sugeridas a seguir).

O papel dos governos nacionais

Os formuladores de políticas têm de seguir um difícil curso intermediário entre responder às preocupações aqui discutidas e abrigar os grupos da concorrência estrangeira por meio do protecionismo. Não posso oferecer regras rígidas aqui; apenas alguns princípios direcionadores.

Encontrar um equilíbrio entre abertura e necessidades domésticas

Este livro declarou que existe, com frequência, um conflito entre manter as fronteiras abertas ao comércio e manter a coesão social. Quando surge o conflito – quando as novas iniciativas de liberalização estão em discussão, por exemplo – faz pouco sentido sacrificar completamente as preocupações sociais em prol da liberalização. Colocado em outras palavras, quando os legisladores determinam os objetivos econômicos e sociais, as políticas de livre-comércio não são automaticamente colocadas como primeira prioridade.

Graças a muitos ciclos de liberalização comercial multilateral, as restrições tarifárias e não tarifárias sobre os bens e muitos serviços estão agora em níveis extremamente baixos nos países industrializados. A maioria dos principais países em desenvolvimento também reduziu suas barreiras comerciais, com frequência unilateralmente e em conformidade com suas próprias reformas domésticas. A maioria dos economistas concordaria ser pouco provável que sejam grandes os benefícios de eficiência de mais reduções nas barreiras existentes. Na verdade, o segredo sujo da economia internacional é que um mínimo de proteção só reduz minimamente a eficiência. Uma implicação lógica para isso é que o processo para maior liberalização na área tradicional dos produtos manufaturados é muito frágil.[6]

Além disso, há uma situação na qual se pode tirar mais proveito da cláusula de fuga existente da Organização Mundial do Comércio (OMC), a qual permite que os países instituam restrições comerciais, do contrário ilegais, sob condições especiais, assim como para ampliar o escopo dessas ações de salvaguarda multilaterais (ver discussão a seguir). Nos últimos anos, a política comercial nos Estados Unidos e na União Europeia tem seguido uma direção bem diferente, com um uso aumentado de medidas antidumping e um recurso limitado para ações de cláusula de fuga. Isto provavelmente porque as regras da OMC e a legislação doméstica facilitam muito a tarefa de interpelar a indústria nos casos de antidumping: há menos barreiras claras do que nas ações de cláusula de fuga,[7] não há limite de tempo determinado e não há exigência de compensação para os parceiros comerciais

---

6 É claro que, como as barreiras comerciais ainda são mais elevadas em outros lugares do que nos Estados Unidos, a liberalização multilateral geraria oportunidades comerciais relativamente maiores para os Estados Unidos. Ver Bergsten (1996) para um argumento que enfatiza essa natureza "assimétrica" dos benefícios.

7 Nos Estados Unidos, a ação de cláusula de fuga requer mais a demonstração de "dano sério" do que de "dano material", este sendo o menor limiar, que se aplica ao antidumping. As regras da OMC também requerem que as ações de cláusula de fuga sejam não discriminatórias, diferentemente do antidumping, que pode se aplicar a qualquer país exportador. É claro que uma ação de antidumping requer uma demonstração de que há dumping, mas na prática os critérios do Ministério do Comércio dos Estados Unidos para o que constitui "dumping" não são de modo algum restritivos.

A globalização foi longe demais?

afetados, como provê a cláusula de fuga. Além disso, as ações de cláusula de fuga, diferentemente dos impostos antidumping, requerem aprovação presidencial nos Estados Unidos. Essa é uma situação indesejável porque as regras antidumping em geral não são consistentes nem com os princípios econômicos nem, como será discutido a seguir, com a justiça. Restringir as regras sobre o antidumping em conjunção com uma reconsideração e um revigoramento do mecanismo da cláusula de fuga faria muito sentido.[8]

Não negligenciar o seguro social

Os formuladores de políticas têm de ter em mente o importante papel que a provisão de seguro social, mediante programas sociais, tem desempenhado historicamente capacitando a liberalização multilateral e uma explosão do comércio mundial. Como o Estado de bem-estar está sendo reduzido, há um perigo real de que essa contribuição venha a ser esquecida.

Isso não significa que a política fiscal tenha de ser esbanjadora e os déficits orçamentários grandes. Nem significa um papel maior por parte do governo. Níveis melhorados de seguro social, para melhores resultados para o mercado de trabalho, podem ser conseguidos na maioria dos países dentro dos níveis de gasto existentes. Isso pode ser feito, por exemplo, deslocando-se a composição das transferências de renda do seguro para idosos (isto é, seguro social) para o seguro do mercado de trabalho (isto é, compensação para o desemprego, assistência ao ajuste comercial, programas de treinamento). Como as pensões tipicamente constituem o maior item do gasto social nos países industrializados avançados, um melhor direcionamento desse tipo é altamente compatível com políticas fiscais responsáveis. Adequar o seguro social mais diretamente aos mercados de trabalho, sem aumentar

---

8 Essa foi uma das opções consideradas por Schott (1990).

a carga total dos impostos, seria um passo fundamental rumo ao alívio das inseguranças associadas à globalização.

Há uma sensação disseminada em muitos países de que, nas palavras de Tanzi e Schuknecht (1995, p.17), "as redes de segurança social [...] foram transformadas em benefícios sociais com um disseminado parasitismo, e a seguridade social tem frequentemente se tornado um sistema de apoio à renda, com juros especiais dificultando muito qualquer reforma efetiva". Além disso, "vários indicadores de desempenho dos governos sugerem que o crescimento nos gastos após 1960 pode não ter produzido um desempenho econômico significativamente melhorado ou um maior progresso social" (Tanzi; Schuknecht, 1995, p.20). Entretanto, este livro tem sugerido que o gasto social vem tendo a importante função de comprar a paz social. Sem discordar da necessidade de eliminar o desperdício e da reforma mais ampla no Estado de bem-estar, eu diria que a necessidade de seguro social não diminui, mas aumenta, à medida em que cresce a integração global. Por isso, a mensagem para os reformadores do sistema de bem-estar social é não fazer os justos pagarem pelos pecadores.[9]

Não usar a "competitividade" como uma desculpa para reformas domésticas

Uma das razões de a globalização provocar uma reação ruim é que os legisladores com frequência caem na armadilha de usar a "competitividade" como uma desculpa para as reformas domésticas necessárias. Grandes déficits fiscais ou uma produtividade

---

9 Muitos economistas concordariam que a quantidade de recursos necessários para impedir que os mais desfavorecidos passem despercebidos realmente não é tão grande. Krugman (1996) cita um dado de 2% do PIB. Em termos absolutos isso é, evidentemente, muito dinheiro, mas é menos da metade do que um país médio da OCDE gasta todos os anos com a dívida pública.

A globalização foi longe demais?

doméstica vagarosa são problemas que baixam os padrões de vida em muitos países industrializados e o fariam até mesmo nas economias fechadas. Na verdade, o próprio termo "competitividade" é em grande parte sem significado quando aplicado às economias como um todo, a menos que seja usado para se referir a coisas que já têm um nome adequado – como produtividade, investimento e crescimento econômico. Muito frequentemente, no entanto, a necessidade de resolver problemas fiscais ou de produtividade se apresenta ao eleitorado como consequência das pressões competitivas globais. Isso não só torna a venda das políticas necessárias mais difícil – por que devemos nos ajustar para nos tornarmos melhores competidores em relação aos coreanos ou aos mexicanos? –, mas também corrói o apoio doméstico ao comércio internacional – se temos de fazer todas essas coisas dolorosas por causa do comércio, talvez o comércio não seja, afinal, uma coisa tão maravilhosa!

As greves francesas de 1995 são um bom exemplo. O que tornou a oposição às propostas reformas fiscais e previdenciárias particularmente destacada foi a percepção de que mudanças fundamentais no modo de vida dos franceses estavam sendo impostas em prol da integração econômica internacional. O governo francês apresentou as reformas como foi requerido pelos critérios de Maastricht. Mas, presumivelmente, os próprios critérios de Maastricht refletiam a crença dos legisladores de que um Estado de bem-estar menor serviria melhor às economias a longo prazo. Em geral, o governo francês não defendeu a ideia da reforma com suas próprias forças. Usando o documento de Maastricht, transformou a discussão em um debate sobre a integração econômica europeia. Daí a reação pública disseminada, que existia além daqueles trabalhadores cujos destinos seriam imediatamente afetados.

A lição para os legisladores é não vender reformas que são boas para a economia e para a cidadania como reformas que são ditadas pela integração econômica internacional.

125

Não abusar dos apelos à "justiça" no comércio

A noção de justiça no comércio não é tão vazia quanto pensam muitos economistas. Consequentemente, as nações têm o direito – e devem ter permissão para tê-lo – de restringir o comércio quando este entra em conflito com normas *amplamente apoiadas* no nível doméstico ou solapa arranjos sociais domésticos que desfrutam de *amplo* apoio.

Mas muita coisa que é feita em nome do "comércio justo" está bem aquém das expectativas desse critério. Há dois conjuntos de práticas em particular que suscitam uma imediata desconfiança. Uma diz respeito às queixas feitas contra outras nações quando práticas muito similares são abundantes no âmbito interno. Os procedimentos antidumping são um exemplo claro: práticas de negócio regulares, como o preço ao longo da vida de um produto ou o preço ao longo do ciclo dos negócios, podem resultar em deveres sendo impostos sobre uma firma exportadora. Não há nada "injusto" com relação a essas práticas de negócio, como ficou abundantemente claro pelo fato de as firmas domésticas também se utilizarem delas.

A segunda categoria está relacionada a casos em que outras nações são unilateralmente solicitadas a mudar *suas* práticas domésticas para igualar as condições competitivas. O Japão está frequentemente na extremidade receptora dessas demandas dos Estados Unidos e da União Europeia. Um exemplo mais recente diz respeito à declaração feita pelo US Trade Representative de que a corrupção nos países estrangeiros será a partir de agora considerada comércio injusto. Embora considerações de justiça e legitimidade guiem os arranjos sociais do próprio país, até mesmo restringindo as importações se for necessário, essas considerações não devem permitir que um país imponha suas próprias instituições a outros países. Os proponentes do comércio justo devem ter em mente essa distinção fundamental. Por isso, é perfeitamente legítimo os Estados Unidos tornarem ilegal que as

A globalização foi longe demais?

firmas domésticas se engajem em práticas corruptas no exterior (como foi feito com o Foreign Corrupt Practices Act de 1977). É também legítimo negociar um conjunto de princípios multilaterais com outros países na Organização para a Cooperação e o Desenvolvimento Econômico (OCDE) com normas amplamente similares. Pode também ser legítimo restringir as importações de um país cujas práticas de trabalho em segmentos amplos da população doméstica são consideradas ofensivas. Mas não é aceitável ameaçar unilateralmente retaliar outros países porque suas práticas de negócio não estão em conformidade com as normas domésticas *de modo a obrigar esses países a alterarem suas próprias normas*.[10] Usar apelos de justiça para avançar objetivos competitivos é coercivo e inerentemente contraditório. Pela mesma razão, é inadequado tentar "exportar" normas solicitando a outros países que alterem seus arranjos sociais para que eles correspondam aos seus próprios arranjos domésticos.

O papel das instituições internacionais

Uma área em que a cooperação internacional pode ser útil já foi mencionada: a capacidade das firmas de contestar as autoridades fiscais nacionais umas das outras é uma fonte de

---

10 Pode ser que a restrição das importações faça que o país exportador altere suas práticas, independente de esse ter sido o objetivo estabelecido da política. Mas isso não torna a distinção menos válida. Os motivos que orientam a política comercial nos países industrializados avançados são em geral transparentes. Há pouca dúvida de que o Foreign Corrupt Practices Act de 1977, por exemplo, tenha sido motivado por considerações éticas domésticas, embora muitas queixas dos Estados Unidos e dos países europeus contra o Japão e alguns países em desenvolvimento sejam claramente conduzidas por um desejo de torná-los mais parecidos "conosco". Como os parceiros comerciais estrangeiros optam por reagir às políticas do primeiro tipo (ou seja, as ações "legítimas") é problema deles.

externalidade negativa através das fronteiras, pois enfraquece as fontes de renda necessárias para manter a coesão social e política e corrói fundamentalmente o apoio ao livre-comércio. Um maior intercâmbio de informações entre as autoridades fiscais seria um pequeno passo na direção certa. Negociar uma convenção internacional para restringir a capacidade das firmas internacionais de fugir à taxação via investimento externo constituiria um esforço mais ambicioso, mas que teria uma maior chance de estabelecer uma diferença.

Há uma crescente percepção entre os governos de que algo nesse sentido precisa ser feito. A preocupação com as consequências no lucro da competição dos impostos recentemente levou a OCDE a estabelecer uma força-tarefa (com financiamento prioritário) para restringir essa competição entre seus Estados-membros. Como reconhece a declaração da OCDE, a globalização "abre o risco de uma licitação [*bidding*] competitiva entre os países para o comércio móvel". A primeira atribuição da força-tarefa é "examinar os critérios para distinguir entre concorrência fiscal justa e prejudicial".[11] Para ser plenamente efetivo, tal esforço tem de recrutar também a cooperação de países não pertencentes à OCDE. Isso está implícito na abordagem da OCDE, pois sua força-tarefa foi planejada para examinar as práticas em paraísos fiscais como as Ilhas Cayman, assim como os regimes fiscais preferenciais mais modestos de países como Irlanda, Holanda e Bélgica (*Financial Times*, 13/1/1997, p.16).

Mais amplamente, os argumentos apresentados neste livro têm duas implicações de certa forma conflitantes para as instituições multilaterais. Por um lado, essas instituições devem encorajar uma maior convergência das políticas e das normas ("integração profunda") *entre os países dispostos* a ajudar a reduzir

---

11 As citações são da declaração da OCDE na internet sobre o projeto (ver http://www.oecd.org/daf/fa/taxcomp.htm; *Financial Times*, 13/1/1997, p.16).

as tensões decorrentes de diferenças nas práticas nacionais.[12] Por outro lado, elas devem abrir espaço para um desengajamento seletivo das disciplinas multilaterais, sob contingências bem especificadas, para países que necessitam de espaço de manobra para satisfazer exigências domésticas que estão em conflito com a liberalização do comércio.

A aparente tensão entre esses dois objetivos está em parte acalmada pela advertência apresentada na sentença anterior. Essas organizações vão precisar estabelecer um conjunto de barreiras bem definidas e multilateralmente acordadas que devem ser esclarecidas antes que uma nação possa exercer o desengajamento seletivo em questão – seja ele tarifas mais elevadas, uma quota ou uma isenção das exigências de harmonização. Em outras palavras, é necessário haver regras multilaterais sobre de que maneira é possível se desviar das regras multilaterais![13]

É claro que é isso que está delineado no mecanismo da válvula de fuga da OMC e, antes dela, do General Agreement on Tariffs and Trade (Gatt). Mas o mecanismo não serviu bem ao seu propósito.

---

12 Lawrence, Bressand e Ito (1996) defendem a criação de uma série de "clubes" entre os parceiros dispostos a se engajar em uma integração mais profunda em áreas que não estão bem cobertas na OMC – como a política de competição ou o meio ambiente. Esse seria um afastamento do multilateralismo incondicional e arriscaria a institucionalização do tratamento discriminatório dos parceiros comerciais. Eu preferiria ver a OMC utilizada para essas novas áreas, com uma cláusula de fuga mais efetiva como uma válvula de segurança (ver discussão a seguir).

13 É reconhecido na teoria dos jogos repetidos que a manutenção da cooperação entre os jogadores durante um longo (e infinito) horizonte quando há choques para o sistema pode requerer períodos de "não cooperação". Um regime comercial multilateral apropriado vai reconhecer isso e incorporar "válvulas de segurança" às suas regras – ou seja, isenções de suas exigências sob contingências especificadas. Ver Bagwell e Staiger (1990) para um modelo formal que justifica a cláusula de fuga nesses termos. No contexto desses modelos, meu argumento é que os conflitos sociais resultam em uma maior tentação para a "deserção" durante os maus tempos e por isso requer uma cláusula de fuga mais acessível para tornar sustentável a cooperação de longo prazo.

Os governos preferiram outras medidas em vez do mecanismo de salvaguarda do Gatt. Por isso, medidas de "área cinzenta", como as restrições à exportação voluntária (*voluntary export restraints* – VERs), proliferaram antes de terminada a Rodada do Uruguai, e ocorreu uma explosão de casos de antidumping. Houve apenas 150 ações oficiais de salvaguarda durante o controle do Gatt (em 1994), mas mais de mil casos de antidumping no nível nacional apenas entre 1985 e 1992 (Hoekman; Kostecki, 1995, capítulo 7). Os procedimentos antidumping estão hoje servindo efetivamente como o mecanismo de escolha de salvaguarda. Isso subverte o regime comercial, proporciona má reputação às salvaguardas e impede uma saída efetiva para preocupações legítimas.

Por isso, valeria muito a pena considerar uma cláusula de salvaguardas renovada e expandida, juntamente com restrições mais rígidas ao uso do antidumping.[14] Ampliando o atual Agreement on Safeguards, os membros da OMC podem aliviar os Estados Unidos e a União Europeia do medo das ondas de importação, que até agora evitaram a contenção das medidas antidumping.

Atualmente o Agreement on Safeguards permite aumentos temporários nas restrições ao comércio sob um conjunto muito estreito de condições. Requer uma determinação que as importações *aumentadas* "causam ou ameaçam causar um sério dano à indústria doméstica"[15] e que a causalidade está firmemente estabelecida. Além disso, o dano não pode ser atribuído apenas às importações se houver múltiplas causas para ele.[16] As salva-

---

14 Uma cláusula de fuga renovada, sob a qual todo o benefício do comércio estaria concentrado, foi proposta em Hufbauer e Rosen (1986). Ver também Perez-Lopez para uma abordagem similar (1989). Minha discussão da cláusula de salvaguardas expandida baseia-se em um trabalho anterior de minha autoria (Rodrik, 1995).

15 Dano sério é definido como "uma significativa piora geral na posição de uma indústria doméstica".

16 Segundo o acordo, "quando fatores outros além das importações aumentadas estão também causando dano à indústria doméstica, esse dano não deve ser atribuído às importações aumentadas".

A globalização foi longe demais?

guardas não podem ser aplicadas aos países em desenvolvimento exportadores, a menos que sua parcela de importações do produto em questão esteja acima de um limiar estabelecido. Um país que aplica medidas de salvaguarda tem de compensar os exportadores afetados proporcionando "concessões equivalentes", na ausência das quais o exportador fica liberado para retaliar.

Uma interpretação mais ampla das salvaguardas reconheceria que os países podem legitimamente querer restringir o comércio por razões que vão além das medidas competitivas às suas indústrias. As preocupações com a distribuição ou os conflitos com as normas domésticas ou com os arranjos sociais estão entre essas razões legítimas. Poder-se-ia imaginar remodelar o acordo atual em um Agreement on *Social* Safeguards, que permitiria a aplicação de medidas de salvaguarda em uma série mais ampla de circunstâncias. Isto requereria remodelar o teste de "dano sério". Eu substituiria o critério do dano por outra barreira: a necessidade de demonstrar um amplo apoio doméstico, *entre todas as partes interessadas*, à medida de salvaguarda proposta.

Para ver como isso poderia funcionar na prática, considere o que diz o atual acordo:

> Um membro poderá aplicar uma medida de salvaguarda unicamente na sequência de um inquérito realizado pelas autoridades competentes desse membro, de acordo com procedimentos previamente estabelecidos e tornados públicos em conformidade com o disposto no artigo X do Gatt de 1994. Esse inquérito incluirá a publicação de um aviso destinado a informar razoavelmente todas as partes interessadas, bem como audiências públicas ou outros meios adequados através dos quais *os importadores, os exportadores e as outras partes interessadas tenham a possibilidade de apresentar elementos de prova e os seus comentários* e inclusive responder aos comentários de outras partes e de dar a conhecer os seus pontos de vista, *inter alia*, quanto à questão de saber *se a aplicação de uma medida de salvaguarda seria, ou não, do interesse geral*. As autoridades competentes publicarão

um relatório do qual constarão as suas verificações, bem como as conclusões fundamentadas a que chegaram sobre todas as questões *de facto* e de direito pertinentes. [grifos nossos]

O principal defeito dessa cláusula é que, embora ela permita que todos os grupos relevantes, exportadores e importadores em particular, exponham suas opiniões, ela realmente não os estimula a fazer isso. Consequentemente, isto resulta em um forte viés no processo investigativo doméstico para os interesses dos grupos de importação concorrentes, que são os peticionários do alívio das importações e seus óbvios beneficiários. Na verdade, esse é um problema fundamental das audiências nos procedimentos antidumping, nas quais o testemunho de outros grupos, exceto os da indústria de importação concorrente, não é permitido.

Então, uma reforma fundamental requereria que aqueles que conduzem as investigações em cada país reunissem o testemunho e as opiniões de *todas* as partes relevantes, incluindo grupos de consumidores e de interesse público, importadores dos produtos envolvidos e exportadores para o país afetado, e determinassem se existe um *amplo apoio* entre esses grupos para a aplicação da medida de salvaguarda em questão. A exigência de que os grupos cujas rendas fossem atingidas pela imposição de restrições ao comércio – importadores e exportadores – sejam impelidos a testemunhar e que o corpo investigativo determine se esses grupos também apoiam a medida de salvaguarda garantiria que o protecionismo puro e simples não teria muita chance de sucesso. Ao mesmo tempo, quando estão em jogo normas sociais profunda e amplamente arraigadas é improvável que esses grupos se oponham às salvaguardas de uma maneira pública, pois isto poria em risco sua posição entre o público em geral. Imagine, por exemplo, que o trabalho escravo seja usado na produção de bens para exportação em um determinado país. É difícil acreditar que os exportadores defendam publicamente o comércio com tal país.

A principal vantagem do procedimento proposto é que ele obrigaria um debate público sobre a legitimidade do comércio e sobre a adequação de restringi-lo. E asseguraria que todos os lados seriam ouvidos. Isso raramente acontece na prática, a menos que o parceiro comercial em questão seja um parceiro importante.[17] Esse procedimento também poderia ser complementado com um monitoramento fortalecido e um papel de vigilância para a OMC assegurar que os procedimentos domésticos estejam de acordo com a cláusula de salvaguarda expandida. Uma cláusula de caducidade automática poderia garantir que as restrições ao comércio não se tornem entrincheiradas muito depois de sua necessidade percebida ter desaparecido.

A ampliação dessa maneira das ações de salvaguarda não seria isenta de riscos. Tem-se que levar em conta a possibilidade de que os novos procedimentos venham a sofrer abusos para fins protecionistas e que a porta para a ação unilateral em uma frente ampla venha a ser aberta, apesar do alto limiar aqui vislumbrado. Mas a inação também não está isenta de riscos. Ausentes o pensamento criativo e novos planejamentos institucionais, as tensões criadas pela globalização podem ativar um novo conjunto de medidas de "área cinzenta" inteiramente externas às disciplinas multilaterais. Isso seria bem pior do que o regime de salvaguarda revisado aqui descrito.

Observações finais

A globalização não está ocorrendo em um vazio. Ela é parte de uma tendência ampla que podemos chamar de *marketization*. Recuo do governo, desregulação e o encolhimento das obrigações

---

17 O debate público que envolve a decisão anual do presidente dos Estados Unidos sobre se vai estender à China o *status* comercial de nação mais favorecida é um bom exemplo. Em minha opinião, esse debate é proveitoso.

sociais são as contrapartes domésticas do entrelaçamento das economias nacionais. A globalização não poderia ter avançado tanto sem essas forças complementares. O maior desafio para o século XXI é criar um novo equilíbrio entre o mercado e a sociedade, um equilíbrio que continue a liberar as energias criativas do empresariado privado sem destruir a base social de cooperação.

As tensões entre a globalização e a coesão social são reais, e é improvável que desapareçam espontaneamente. As propostas deste capítulo são pouco mais que um começo, e talvez nem mesmo isso. Não há fórmula mágica que possa ser aplicada. Na verdade, uma parcela da dificuldade em se pensar prescritivamente sobre essas questões é que parte do trabalho analítico e empírico sobre as consequências da globalização ainda permanece a ser realizado. Ao contrário do que muitos economistas acreditam, carecemos de um entendimento completo de como funciona a globalização.

"O que é realmente necessário para progredir com os novos problemas que uma sociedade encontra", escreve Albert Hirschman (1994, p.25), "é o empresariado político, a imaginação, a paciência aqui, a impaciência ali, e outras variedades de virtude e sorte". Precisamos de tudo isso, e mais uma boa dose de pragmatismo, para progredir além dos desafios.

Apêndices

Apêndice A

Vou usar um modelo muito simples para aprimorar a lógica do argumento apresentado no Capítulo 4. Suponho uma economia pequena e aberta que produz (e exporta) um único bem, cujo preço é determinado nos mercados mundiais. Esse bem é produzido sob retornos constantes para ativar e usar o trabalho e o capital. Diferentemente do trabalho, o capital pode se mover entre fronteiras, mas a um custo. A magnitude desse custo será captada em um parâmetro para o grau de "abertura" da economia. O trabalho, cujo bem-estar será o foco da análise, consome apenas o importável. A única fonte de incerteza no modelo são os termos do comércio (o preço das exportações em relação ao preço das importações), que supostamente são aleatórios. A renda do trabalho consiste na renda do salário mais os ganhos de um imposto sobre o capital doméstico. Para tornar o ponto o mais nítido possível, assumo que o governo maximiza o bem-estar dos capitalistas domésticos, que está sujeito a determinado nível de reserva da utilidade para os trabalhadores, e, em conformidade com isto, decide o imposto sobre o capital.

Vou usar o modelo para mostrar o seguinte. Um aumento na abertura torna o capital doméstico mais reagente às mudanças nos preços internacionais e, correspondentemente, eleva a amplitude das flutuações nos salários reais no âmbito doméstico. Por isso o trabalho se torna pior ainda, em razão da exposição aumentada ao risco, mesmo que o salário real médio (esperado) permaneça inalterado. Para restaurar a utilidade esperada dos trabalhadores ao seu nível de reserva, o governo tem de aumentar as transferências de renda e elevar o imposto sobre o capital. Essa estratégia funciona enquanto a abertura da economia e a mobilidade internacional do capital não estiverem muito elevadas. Entretanto, quando a abertura alcança determinado limiar, torna-se contraproducente uma tentativa para compensar o trabalho aumentando o imposto sobre o capital. Ultrapassado esse limite, a fuga do capital e a erosão dos salários reais no nível doméstico mais que compensam o valor das transferências de renda. Por isso, em uma economia extremamente aberta, o governo perde sua capacidade para compensam os trabalhadores mediante o sistema de impostos, e a restrição de que a utilidade dos trabalhadores esteja acima de certo nível de reserva não pode mais ser satisfeita. Uma "solução" seria torná-la mais cara para o capital se deslocar para o estrangeiro.

Deixemos a função de produção do setor de exportação ser escrita como $f(k, l)$, com as condições de regularidade usuais: $f_k > 0$, $f_l > 0$, $f_{kk} < 0$, $f_{ll} < 0$ e $f_{kl} > 0$. Normalizamos a dotação do trabalho fixado da economia na unidade, para que a função da produção também possa ser expressa como $f(k)$. O estoque de capital de propriedade doméstica é exogenamente fixado em k_0. Observe que k, o capital usado no âmbito doméstico, pode diferir de k_0 quando o capital se desloca para dentro e para fora do país. Uma suposição fundamental é que um custo crescente é incorrido pelos capitalistas quando o capital transpõe as fronteiras. Nós pensamos nisso como o custo de se estabelecer um negócio em

A globalização foi longe demais?

um ambiente menos familiar, de transportar os bens finais de volta à economia, e de se comunicar com as subsidiárias em um país diferente, entre outras coisas. A globalização aumentada será captada no modelo pelas reduções em λ.

Deixe p representar o preço relativo do bem ou serviço exportado. O modelo é descrito em três equações:

$$r = pf_k(k) - \tau \qquad \text{(A.1)}$$
$$r = r^* - \lambda\ (k_0 - k) \qquad \text{(A.2)}$$
$$w = pf_1(k) \qquad \text{(A.3)}$$

O retorno doméstico do capital (r) é dado pelo produto do valor marginal do capital, líquido após a redução do imposto doméstico. O comércio internacional nos serviços de capital requer que esse retorno seja igual ao retorno internacional (r^*) menos uma margem que é relacionada ao custo do deslocamento do capital para o estrangeiro. Por isso, uma saída de capital que reduza o estoque de capital no âmbito doméstico a k_1 deprimiria o índice de retorno ganho pelos capitalistas domésticos para $r^* - \lambda(k_0 - k_1)$. A segunda equação expressa essa condição de arbitragem. Finalmente, a terceira equação estabelece que o salário doméstico (w) corresponde ao valor do produto marginal do trabalho. Estas três equações determinam as três variáveis endógenas do sistema: w, r e k.

A Figura 1 descreve como o modelo funciona. O esquema inclinado descendente mostra o relacionamento negativo entre r e k expressado na equação (A.1). Quando o preço relativo da exportação (p) se desloca, o esquema também se desloca. Intuitivamente, o retorno do capital flutua de acordo com o preço mundial da exportação. O esquema inclinado ascendente, por sua vez, representa a relação expressa na equação (A.2). Duas versões desse esquema estão mostradas, um para λ alto (baixa globalização) e um para λ baixo (alta globalização). Quanto mais baixo está λ, mais plano está o esquema. No limite, com o capital totalmente móvel em custo zero, o esquema seria horizontal e fixaria o índice de retorno doméstico em r^*.

Figura 1

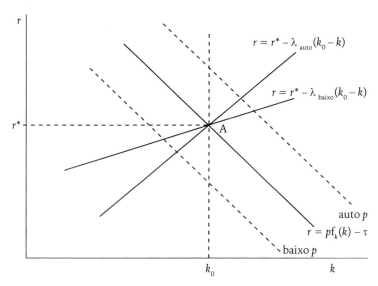

Apresente como $k(p, \tau, \lambda)$ o nível de equilíbrio do capital empregado no âmbito doméstico. Considere um equilíbrio inicial em que a combinação dos parâmetros é tal que $k(p, \tau, \lambda) = k_0$. Nesse equilíbrio, apresentado pelo ponto A na Figura 1, $r = r^*$. As mudanças em λ não teriam efeito em w ou k (ou r), partindo desse equilíbrio inicial, pois

$$\frac{dk}{d\lambda} = \frac{k - k_0}{pf_{kk} - \lambda},$$
$$\frac{dw}{d\lambda} = pf_{kl}\left[\frac{k - k_0}{pf_{kk} - \lambda}\right]$$

e ambas as expressões são igual a zero quando $k = k_0$. Intuitivamente, fixamos o equilíbrio inicial de tal forma que o capital não tem incentivo para entrar ou sair da economia doméstica e, consequentemente, as mudanças no custo da mobilidade são insignificantes.

A globalização foi longe demais?

Agora considere o que acontece quando p flutua. Uma redução em p baixa o retorno do capital doméstico e resulta em uma saída de capital, cuja magnitude é inversamente proporcional a λ. Como a figura demonstra, quanto maior a mobilidade do capital, mais amplas as flutuações no estoque do capital doméstico em resposta às mudanças no preço mundial. Formalmente,

$$\frac{dk}{dp} = \frac{f_k}{\lambda - pf_{kk}} > 0,$$

que é decrescente em λ. As consequências para o trabalho podem ser facilmente deduzidas. Como o salário doméstico (em termos dos bens importados) é determinado pelo valor do produto marginal no bem exportado (equação A.3), a mobilidade do capital acentua a flutuação no salário do consumo. Quanto mais baixo é λ, mais ampla a amplitude das flutuações em w, que é decrescente em λ.

$$\frac{dw}{dp} = f_l + \frac{pf_{kk}f_k}{\lambda - pf_{kk}} > 0,$$

Na verdade, as coisas são até piores para o trabalho, na medida em que parte da renda dos trabalhadores vem do imposto sobre o capital. Apresentando o total (real) da renda dos trabalhadores como I,

$$I = w + \tau k \qquad\qquad (A.4)$$

Por isso, as flutuações em I não resultam apenas de flutuações nos salários, mas também de flutuações na base dos impostos (k) quando o capital se desloca para trás e para frente em busca de retornos mais elevados.

Agora considere o efeito de mudar o imposto sobre o capital, mantendo constantes os preços mundiais. Nós temos

$$\frac{dl}{d\tau} = k + \left[\frac{dw}{d\tau} + \tau\frac{dk}{d\tau}\right]$$

$$= k + \frac{\tau + pf_{kl}}{\lambda - pf_{kl}}$$

Essa expressão está aumentando em λ, indicando que o imposto sobre o capital é mais efetivo como um instrumento redistributivo quando o capital não consegue se deslocar facilmente para o exterior. Por outro lado, para valores de λ suficientemente próximos de zero, $dI/d\tau$ podem ser mostrados como indubitavelmente negativos para qualquer nível estritamente positivo de τ.[1] A implicação disso é que um aumento no imposto sobre o capital vai ampliar as rendas dos trabalhadores em uma situação em que a globalização é baixa, mas reduzir quando a globalização é alta. Isto desempenha um papel fundamental no argumento.

Considere a seguinte sequência dos eventos:

- λ é determinado;
- o governo determina que τ vai maximizar a renda dos capitalistas sujeita a um nível de reserva da utilidade (esperada) para os trabalhadores;
- p é revelado;
- são determinados os níveis de equilíbrio de w, r e k.

Como τ é selecionado antes de p ser revelado, o governo deve levar em conta as propriedades aleatórias de p e como a incerteza afeta a utilidade esperada dos trabalhadores.

Assuma que p é uma variável casual com uma média $\bar{p}$ e um desvio-padrão de σ. Deixe $I(p, \tau, \lambda)$ representar o valor de equilíbrio entendido da renda. Usando a expansão de Taylor em torno de $\bar{p}$, a utilidade esperada, $EV(I[p, \tau, \lambda])$, pode ser aproximada da seguinte maneira:

$$
\begin{aligned}
EV[I(p, \tau, \lambda)] &= E\left[V(I([\bar{p}, \tau, \lambda]) + \frac{dV(I[\bar{p}, \tau, \lambda])}{dp}\,(p-\bar{p})\right. \\
&\left. + \frac{1}{2}\,\frac{d^2V(I[\bar{p}, \tau, \lambda])}{dp^2}\,(p-\bar{p})^2\right] \\
&= V(I([\bar{p}, \tau, \lambda]) + \frac{1}{2}\,\frac{d^2V[I(\bar{p}, \tau, \lambda)]}{dp^2}\,\sigma^2
\end{aligned}
$$

---

1 Isso se segue ao estabelecer $\lambda = 0$ e observando que $kf_{kk} + f_{kl} = 0$.

A globalização foi longe demais?

Agora assuma que a utilidade dos trabalhadores (V) é logarítmica:

$$V(I) = \log I = \log (w + \tau k)$$

A utilidade esperada pode então ser escrita como:

$$EV[I(p, \tau, \lambda)] = \log [w(\bar{p}, \tau, \lambda) + \tau k(\bar{p}, \tau, \lambda)]$$

$$- \frac{1}{2} [w(\bar{p}, \tau, \lambda) + \tau k(\bar{p}, \tau, \lambda)]^{-2}$$

$$\left[f_l(k[\bar{p}, \tau, \lambda]) + fk(k[\bar{p}, \tau, \lambda]) \frac{\tau + pf_{kl}(k[\bar{p}, \tau, \lambda])}{\lambda + pf_{kk}(k[\bar{p}, \tau, \lambda])} \right]^2 \sigma^2$$

Como a função da utilidade é côncava na renda e, portanto, os trabalhadores são avessos ao risco, a utilidade esperada está decrescendo na variância do preço mundial. Além disso, um aumento na abertura eleva o peso recebido pela volatilidade do preço e reduz a utilidade esperada *ceteris paribus*. Isso pode ser visto avaliando essa expressão em um equilíbrio em que $k = k_0$ (para que w e k sejam insensíveis a mudanças em λ) e observando que uma redução em λ aumenta o segundo (negativo) termo em valor absoluto. A razão disso foi discutida anteriormente: a mobilidade aumentada do capital magnifica as flutuações na renda dos trabalhadores por qualquer mudança em p.

Observe que esse efeito é puramente uma consequência da exposição aumentada ao risco e é independente de quaisquer outras consequências de abertura. Se a abertura aumentada se traduz ainda mais em uma saída de capital, as perdas dos trabalhadores serão obviamente maiores. Inversamente, se a abertura aumentada reduzir o preço relativo das importações (um canal do qual nos abstraímos), haverá um ganho compensatório.

Como mencionado anteriormente, é assumido que o governo opera sob uma restrição que coloca um piso abaixo da utilidade esperada dos trabalhadores:

$$EV[I(p, \tau, \lambda)] \geq U$$

Figura 2

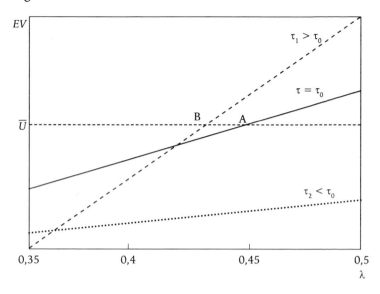

Deixe os níveis iniciais de τ e λ serem τ_0 e λ_0. Como antes, assuma que o estoque do capital doméstico é tal que $k(\bar{p}, \tau_0, \lambda_0) = k_0$. É conveniente assumir também que a restrição acima quase não se vincula a esse equilíbrio. Isso é mostrado como o ponto A na Figura 2. A figura mostra as consequências de uma redução em λ. Como foi discutido anteriormente, a utilidade esperada cai à medida que λ diminui. Para alguma extensão de λ, o governo pode compensar com a redução na utilidade esperada dos trabalhadores elevando τ. No ponto B, por exemplo, os trabalhadores têm o mesmo nível de utilidade esperada que em A, graças a um aumento nos impostos de τ_0 para τ_1. Entretanto, como mostra a figura, uma vez que o custo do deslocamento do capital para o exterior se torna suficientemente pequeno, essa não é mais uma estratégia viável. Nem um aumento nem uma diminuição em τ pode compensar totalmente a perda na utilidade esperada sofrida como um resultado de uma queda em λ. Consequentemente, para graus suficientemente altos de "globalização", o governo não pode mais satisfazer a restrição à utilidade dos trabalhadores. O que pode então acontecer é deixado fora do modelo. Mas é razoável pensar que o governo sofreria uma pressão severa dos trabalhadores para restringir a integração econômica internacional (por exemplo, impondo impostos sobre as empresas que se movem para o exterior).

Apêndice B

Tabela 1 Lista de variáveis e fontes[a]

Variável	Definição	Fonte
AREA	Área de terra	Barro e Lee, 1994
ASIAE	*Dummy* para países da Ásia Oriental	Barro e Lee, 1994
CGAVGxxyy	Consumo real do governo como uma percentagem do PIB	PWT 5.6a
DEPEND90	Proporção de dependência	WD
GDPSH5xx	PIB real *per capita*	Barro e Lee, 1994
LAAM	*Dummy* para países latino--americanos	Barro e Lee, 1994
OCDE	*Dummy* para países da OCDE	Barro e Lee, 1994
OPENAVGxxyy	Exportações mais importações divididas pelo PIB	PWT 5.6a
SAFRICA	*Dummy* para países africanos subsaarianos	Barro e Lee, 1994
SOC	*Dummy* para países socialistas	Sachs e Warner, 1995
TOTDLOGSTD	Desvio padrões de diferenças de logaritmo em termos do comércio, 71-90	WD
URBAN90	Índice de urbanização	WD

a. "xx" refere-se ao ano 19xx, enquanto "xxyy" refere-se a uma média durante 19xx-19yy (a menos que especificado de outra maneira). Todos os gastos do governo e dados de lucro estão expressos como uma percentagem do PIB ou do PNB. "PWT 5.6" representa a Penn World Tables Mark 5.6a; "WD" representa *World Data 1995* (Banco Mundial).

Referências

ALESINA, A.; PEROTTI, R. *The Welfare State and Competitiveness*. [S.l.], Unpublished paper, 1995.

ALESINA, A.; RODRIK, D. Distributive Politics and Economic Growth, *Quarterly Journal of Economics*, v.109, n.2, p.465-90, 1994.

BAGWELL, K.; STAIGER, R.W. A Theory of Managed Trade. *American Economic Review*, v.4, p.779-95, 1990.

BAIROCH, P.; KOZUL-WRIGHT, R. Globalization Myths: Some Historical Reflections on Integration, Industrialization, and Growth in the World Economy. *Discussion Paper*, n.113. United Nations Conference on Trade and Development, 1996.

BARRO, R. J.; LEE, J. W. *Data Set for a Panel of 138 Countries*. Harvard University, Cambridge, MA: Unpublished manuscript, 1994.

BERGSTEN, C. Fred. Globalizing Free Trade. *Foreign Affairs*, v.75, n.3, p.105-120, 1996.

_____; NOLAN, M. *Reconciliable Differences?* United States-Japan Economic Conflict. Washington: Institute for International Economics, 1993.

BERMAN, E., MACHIN, S.; BOUND, J. *Implications of Skill-Biased Technological Change*. International Evidence Boston University, Photocopy, 1996.

BHAGWATI, J. N. *Protectionism*. Cambridge, MA: MIT Press, 1988.

_____. *Free Traders and Free Immigrationists*: Strangers or Friends? Working Paper, n.20. New York: Russell Sage Foundation, 1991.

_____. *A New Epoch?* Columbia University, Unpublished book review, 1996.

_____; DEHEJIA V. H. Freer Trade and Wages of the Unskilled – Is Marx Striking Again? In: BHAGWATI, J. N.; KOSTERS, M. H. *Trade and Wages*: Leveling Wages Down? Washington: American Enterprise Institute, 1994.

_____; HUDEC, R. E. (Eds.). *Fair Trade and Harmonization*: Prerequisites for Free Trade? v.1, Economic Analysis. Cambridge, MA: MIT Press, 1996.

BLANCHFLOWER, D. G.; OSWALD, A. J.; SANFEY, P. Wages, Profits, and Rent Sharing. *Quarterly Journal of Economics*, v.111, n.1, p.227-252, 1996.

BORJAS, G., FREEMAN, R.; KATZ, L. On the Labor Market Effects of Immigration and Trade. In: BORJAS, G.; FREEMAN, R. *Immigration and the Work Force*. Chicago: University of Chicago Press, 1992.

_____; RAMEY, V. Foreign Competition, Market Power, and Wage Inequality, *Quarterly Journal of Economics*, v.110, n.4, p.1075-1110, 1995.

_____; RAMEY, V. The Relationship between Wage Inequality and International Trade. In: BERGSTRAND, J. et al., *The Changing Distribution of Income in an Open U.S. Economy*. Amsterdam: North--Holland, 1994.

BOVARD, J. The Myth of Fair Trade. *Policy Analysis*, n.164. Washington: Cato Institute. Disponível em: <http://www.cato.org/pubs/pas/pa-164.html>.

CAMERON, D. The Expansion of the Public Economy, *American Political Science Review*, v.72, p.1243-1261, 1978.

CASTAÑEDA, J. Mexico's Circle of Misery, *Foreign Affairs*, v.74, n.4, p.92-105, 1996.

CLINE, W.R. *Trade and Wage Inequality*. Washington: Institute for International Economics, 1997.

COLLINS, S. (Ed.) *Imports, Exports, and the American Worker*. Washington: Brookings Institution, 1996.

COMMISSION OF THE EUROPEAN COMMUNITIES. Green Paper on European Social Policy. *Com(93)*. November. Brussels, 1993.

COUNCIL of Economic Advisers (CEA). *Job Creation and Employment Opportunities*: The United States Labor Market, 1993-1996. Washington, 1996.

CRICK, B.R. *In Defence of Politics*. Chicago: University of Chicago Press, 1962.

DAVIS, D.R. Does European Unemployment Prop Up American Wages? *NBER Working Paper*, n.5.620, Cambridge, MA: National Bureau of Economic Research, 1996.

DIXIT, A.; LONDREGAN, J. The Determinants of Success of Special Interests in Redistributive Politics, *Journal of Politics*, n.58, 1996.

EASTERLY, W.; LEVINE, R. *Africa's Growth Tragedy*: Policies and Ethnic Divisions.Washington: World Bank. Unpublished paper, 1996.

ESPING-ANDERSEN, G. Welfare State and the Economy. In: SMELSER, N.; J.; SWEDBERG, R. *The Handbook of Economic Sociology*. Princeton, NJ: PrincetonUniversity Press, 1994.

ETZIONI, A. *The Spirit of Community*: The Reinvention of American Society. New York: Simon & Schuster, 1994.

FARBER, H. S. The Changing Face of Job Loss in the United States, 1981-1993. *NBERWorking Paper*, n.5.596. Washington: National Bureau of Economic Research, 1996.

FREEMAN, R. A Hard-Headed Look at Labour Standards. In: SENGENBERGER, W.; CAMPBELL, D. *International Labour Standards and Economic Interdependence*. Genebra: International Institute for Labour Studies, 1994a.

_____. *A* Global Labor Market? Differences in Wages among Countries in the 1980s. Unpublished paper, 1994b.

_____. Will Globalization Dominate U.S. Labor Market Outcomes? In: COLLINS, S. *Imports, Exports, and the American Worker*. Washington: Brookings Institutions, 1996a.

_____. *When Earnings Diverge*: Causes, Consequences, and Cures for the New Inequality in the U.S. Unpublished paper, 1996b.

FRIEDMAN, T. L. Don't Leave Globalization's Losers Out of Mind. *International Herald Tribune*, (18/jul.), 1996.

GARRET, G.; MITCHELL, D. Globalization and the Welfare State: Income Transfers in the Industrial Democracies, 1966-1990. The Wharton School, University of Pennsylvania. Unpublished paper, 1996.

GOTTSCHALK, P.; MOFFITT, R. The Growth of Earnings Instability in the U.S. Labor Market, *Brookings Papers on Economic Activity*, v.2, p.217-254. Washington: Brookings Institution, 1994.

GREIDER, W. *One World, Ready or Not – The Manic Logic of Global Capitalism*. New York: Simon & Schuster, 1997.

HINES, J. *Forbidden Payment*: Foreign Bribery and American Business after 1977. Harvard University, Photocopy, 1995.

HIRSCHMAN, A. O. Social Conflict as Pillar of Democratic Society, *Political Theory*, v.22, n.2, p.203-218, 1994.

HOEKMAN, B. M.; KOSTECKI, M. M. The Political Economy of the World Trading System. Unpublished book manuscript, 1995.

HOWELL, D. The Skills Myth, *The American Prospect*, v.18, p.81-90, 1994.

HUFBAUER, G. C.; ROSEN, H. F. *Trade Policy for Troubled Industries*. Policy Analyses in International Economics n.15. Washington: Institute for International Economics, 1986.

IRWIN, D. A. The United States in a New Global Economy? A Century's Perspective, *American Economic Review, Papers and Proceedings*, v.86, n.2, p.41-46, 1996.

JAFFEE, A. B.; PETERSON, S. R.; PORTNEY, P. R.; STAVINS, R. Environmental Regulation and the Competitiveness of U.S. Manufacturing, *Journal of Economic Literature*, v.33, n.1, p.164-178, 1995.

KAPSTEIN, E. Workers and the World Economy, *Foreign Affairs*, v.75, n.3, p.16-37, 1996.

KATZ, L. F.; SUMMERS, L. H. Industry Rents: Evidence and Implications, *Brookings Papers on Economic Activity (Microeconomics)*, p.209-275, 1989.

KATZENSTEIN, P. J. *Corporatism and Change:* Austria, Switzerland, and the Politicsof Industry. Ithaca, NY/London: Cornell University Press, 1984.

_____. *Small States in World Markets:* Industrial Policy in Europe. Ithaca, NY/London: Cornell University Press, 1985.

KEYNES, J. M. The End of Laissez-Faire. In: *The Collected Writings of John Maynard Keynes*, v.9, 3.ed. London: Macmillan, 1972 [1926].

_____. National Self-Sufficiency. In: *The Collected Writings of John Maynard Keynes*, v.21, 1982 [1933].

KNACK, S.; KEEFER, P. *Does Social Capital Have an Economic Payoff? A* Cross-Country Investigation. American University. Unpublished paper, 1996.

KRUEGER, A. Observations on International Labor Standards and Trade. Princeton University. Unpublished paper. 1996.

KRUGMAN, P. *Technology, Trade, and Factor Prices*. NBER Working Paper n. 5355. Cambridge, MA: National Bureau of Economic Research, 1995.

_____. *Pop Internationalism*. Cambridge, MA: MIT Press, 1996.

LAWRENCE, R. Z. Efficient or Exclusionist? The Import Behavior of Japanese Corporate Groups, *Brookings Papers on Economic Activity*, v.1, p.311-331. Washington: Brookings Institution, 1991.

_____. Japan's Different Trade Regime: An Analysis with Particular Reference to Keiretsu, *Journal of Economic Perspectives*, v.7, n.3, p.3-19, 1993.

_____. *Single World, Divided Nations? International Trade and OECD Labor Markets*. Paris: Organization for Economic Cooperation and Development, 1996.

_____; BRESSAND, A.; ITO, T. *A Vision for the World Economy*: Openness, Diversity, and Cohesion. Washington: Brookings Institution, 1996.

_____; SLAUGHTER, M. Trade and U.S. Wages in the 1980s: Giant Sucking Sound or Small Hiccup?, *Brookings Papers on Economic Activity (Microeconomics)*, p.161-210, 1993.

LEAMER, E. In Search of Stolper-Samuelson Effects on U.S. Wages. In: COLLINS, S. *Imports, Exports, and the American Worker*. Washington: Brookings Institution, 1996.

LEEBRON, D. W. Lying Down with Procrustes: An Analysis of Harmonization Claims. In: BHAGWATI, J. N.; HUDEC, R. E. *Fair Trade and Harmonization*: Prerequisites for Free Trade? *Economic Analysis*. v.1. Cambridge, MA: MIT Press, 1996.

LEIBFRIED, S.; PIERSON, P. Semisovereign Welfare States: Social Policy in a Multitiered Europe. In: LEIBFRIED, S.; PIERSON, P. *European Social Policy*: Between Fragmentation and Integration. Washington: Brookings Institution, 1995.

LEVY, F. Where Did All the Money Go? A Layman's Guide to Recent Trends in U.S. Living Standards. Massachusetts Institute of Technology. Unpublished manuscript, 1996.

LINDERT, P. H. The Rise of Social Spending, *Explorations in Economic History*, v.31, p.1-37, 1994.

MAYER, W. G. The Shifting Sands of Public Opinion: Is Liberalism Back?, *The Public Interest*, v.107, p.3-17, 1992.

MENDOZA, E. G.; MILESI-FERRETTI, G. M.; ASEA, P. *On the Effectiveness of Tax Policy in Altering Long-Run Growth*: Harberger's Superneutrality Conjecture. *CEPR Discussion Paper*, n.1378. London: Centre for Economic Policy Research, 1996.

————; RAZIN, A.; TESAR, L. L. Effective Tax Rates in Macroeconomics: Cross-Country Estimates of Tax Rates on Factor Incomes and Consumption, *Journal of Monetary Economics*, v.34, n.3, p.297-323, 1994.

MISHEL, L. Rising Tides, Sinking Wages, *The American Prospect*, v.23, p.60-64, 1995.

MITCHELL, D. J. B. Shifting Norms in Wage Determination, *Brookings Papers on Economic Activity*, v.2, p.575-99. Washington: Brookings Institution, 1985.

NOLAND, M. Public Policy, Private Preferences, and the Japanese Trade Pattern, *Review of Economics and Statistics*. Forthcoming.

NOZICK, R. *Anarchy, State, and Utopia*. New York: Basic Books, 1974.

NYE, J. *Visions of Governance in the Twenty-First Century*. Keynote speech for the Kennedy School of Government Spring Symposium, Harvard University, maio 1996.

PENN WORLD TABLES. Mark 5.6a. Online data base. Available from National Bureau of Economic Research, Cambridge, MA, and via internet @nber.harvard.edu, 1995.

PEREZ-LOPEZ, J. F. Case for a GATT Code on Temporary Measures. *The World Economy*, v.12, n.1, p.53-67, 1989.

PEROTTI, R. *Inefficient Redistribution*. Columbia University. Unpublished paper, 1996.

POLANYI, K. *The Great Transformation*. Boston, MA: Beacon Press, 1944.

PUTNAM, R. The Strange Disappearance of Civic America, *The American Prospect*, v.24, p.34-48, 1996.

RICHARDSON, J. D. Income Inequality and Trade: How to Think and What to Conclude, *Journal of Economic Perspectives*, v.9, p. 33-55, 1995.

————; KHRIPOUNOVA, E. B. Estimating the "Market-Power Component" of International Trade's Impact on U.S. Labor. Syracuse University. Photocopy, 1996.

RODRIK, D. The Rush to Free Trade in the Developing World: Why So Late? Why Now? Will It Last?. In: HAGGARD, S.; WEBB, S. B.,

Voting for Reform: Democracy, Political Liberalization, and Economic Adjustment. New York: Oxford University Press, 1994.

RODRIK, D. Developing Countries after the Uruguay Round. In: UN Conference on Trade and Development, *International and Monetary Issues for the 1990s*, v.6. New York: United Nations, 1995.

_____. *Why Do More Open Economies Have Bigger Governments?* NBER Working Paper n.5537. Cambridge, Ma: National Bureau of Economic Research, 1996.

_____. Labor Standards in International Trade: Do They Matter and What Do We Do About Them? In: LAWRENCE, R., RODRIK, D.; WHALLEY, J. *Emerging Agenda in Global Trade*: High Stakes for Developing Countries. Washington: Overseas Development Council. Forthcoming.

RUGGIE, J. G. Trade, Protectionism, and the Future of Welfare Capitalism, *Journal of International Affairs*, v.48, n.1, p.1-11, 1994.

_____. At Home Abroad, Abroad at Home: International Liberalization and Domestic Stability in the New World Economy, *Millenium: Journal of International Studies*, v.24, n.3, p.507-526, 1995.

SACHS, J.; SHATZ, H. Trade and Jobs in U.S. Manufacturing, *Brookings Papers on Economic Activity*, v.1, p. 1-84. Washington: Brookings Institution, 1994.

_____; WARNER, A. Economic Reform and the Process of Global Integration, *Brookings Papers on Economic Activity*, v.1, p. 1-95. Washington: Brookings Institution, 1995.

SANDEL, M. J. *Democracy's Discontent*: America in Search of a Public Philosophy. Cambridge, MA: Harvard University Press, 1996.

SAPIR, A. Trade Liberalization and the Harmonization of Social Policies: Lessons from European Integration. In: BHAGWATI, J. N.; HUDEC, R. E. *Fair Trade and Harmonization*: Prerequisites for Free Trade? v.1: Economic Analysis. Cambridge, MA: MIT Press, 1996.

SAXONHOUSE, G. What Does Japanese Trade Structure Tell Us About Japanese Trade Policy?, *Journal of Economic Perspectives*, v.7, p.21-43, 1993.

SCHIFF, M. Social Capital, Labor Mobility, and Welfare, *Rationality and Society*, v.4, n.2, p. 157-175, 1992.

SCHOTT, J. J. *The Global Trade Negotiations*: What Can Be Achieved? POLICY ANALYSES IN INTERNATIONAL ECONOMICS, 29. Washington: Institute for International Economics, 1990.

SINN, H-W. A Theory of the Welfare State, *Scandinavian Journal of Economics*, v.97, n.4, p. 495-526, 1995.

_____. Social Insurance, Incentives, and Risk Taking, *International Tax and Public Finance*, v.3, p. 259-80, 1996.

SLAUGHTER, M. International Trade and Labor-Demand Elasticities. Dartmouth College. Unpublished paper, 1996.

SRINIVASAN, T. N. International Trade and Labour Standards. Yale University. Unpublished paper, 1995.

TANZI, V.; SCHUKNECHT, L. *The Growth of Government and the Reform of the State in Industrial Countries*. IMF Working Paper WP/95/130. Washington: International Monetary Fund, 1995.

TAYLOR-GOOBY, P. *Public Opinion, Ideology, and the Welfare State*. London: Routledge & Kegan Paul, 1985.

_____. The Role of the State. In: JOWELL, R.; WITHERSPOON, S.; BROOK, L., *British Social Attitudes*: Special International Report, v.6. Aldershot: Gower Publishing, 1989.

US DEPARMENT OF LABOR. *International Labor Standards and Global Economic Integration*: Proceedings of a Symposium. Washington: Bureau of International Labor Affairs, 1994.

VERNON, R. In the Hurricane's Eye: Multinational Enterprises in the Next Century. Harvard University. Unpublished manuscript.

WALLERSTEIN, M.; PRZEWORSKI, A. Capital Taxation with Open Borders, *Review of International Political Economy*, v.2, n.3, p. 425-445, 1995.

WALZER, M. *Spheres of Justice*: A Defense of Pluralism and Equality. New York: Basic Books, 1983.

WILLIAMSON, J. Globalization and Inequality Then and Now: The Late 19th and Late 20th Centuries Compared. *NBER Working Paper* n. 5491. Cambridge, MA: National Bureau of Economic Research, 1996.

WOOD, A. *North-South Trade, Employment, and Inequality*: Changes Fortunes in a Skill-Driven World. Oxford, England: Clarendon Press, 1994.

_____. How Trade Hurt Unskilled Workers, *Journal of Economic Perspectives*, v.9, n.3, p.57-80, 1995.

Índice Remissivo*

Abertura
  e a seguridade social, 83-7, 84*f*
  equilíbrio entre, 118-21
  evidências *cross-country* na,
    91-6, 94*t*
  nos países da OCDE, 96-101,
    99*t*
  e efeitos sobre o mercado de
    trabalho, 26, 27*f*
  medida da, 92
  relação entre os impostos e a,
    100, 101*t*, 102*f*
  versus exposição ao risco
    externo, 92
Acordo Geral de Tarifas e Comércio (Gatt), 7, 51*n*.7, 129-31
AFL-CIO, 119

Acordo de Salvaguardas (OMC),
  130-1
Alemanha, 2, 59
  apoio público para a, 105*t*
  gasto social na, 79-82, 81*t*, 96,
    100*n*.12
Alesina, Alberto, 71, 109*n*.1, *145*
América Latina, 2
Asea, Patrick, 100, *150*
Atividades de pesquisa e desenvolvimento, 48-9
Austrália, gasto social na, 81*t*, 96,
  100*n*.12
  apoio público para, 104-5
Áustria, gasto social na, 80, 81*t*,
  96, 100*n*.12
  apoio público para, 105*t*

---

* Os números de páginas seguidos por *t*, *f* e *n* indicam, respectivamente, tabelas, figuras e notas de rodapé, e os números de páginas em itálico indicam listas de referência completas para o autor ou a obra citados.

Bagwell, Kyle, 129n.13, *145*
Bairoch, Paul, 10, *145*
Banco Mundial, 143
Barganha coletiva, 61
Barganha, mão de obra, 36, 56-7, 61, 103-4
Barreiras comerciais, 50, 75, 107-8, 111-3, 121, 122n.6
Barro, Robert J., 143t, *145*
Bélgica, 81, 83, 100n.12
Bergsten, C. Fred, 74, 122n.6, *145*
Berman, Eli, 23n.2, 24n.3, *145*
Bhagwati, Jagdish N., 4n.4, 21, 35-6n.10, *146*
Blanchflower, David G., 37, *146*
"Blocked Exchanges", 55-7
Blondel Marc, 69
BMW, 70
Boeing, 116-7
Borjas, George, 18, 20-2, 37, *146*
Bound, John, 23n.2, 24n.3, *145*
Bovard, James, 49-50, 59, *146*
Bressand, Albert, 129n.12, *149*
Buchanan, 2n.1, 4, 107

Cameron, David, 82, *146*
Canadá
    acordo de livre-comércio com os Estados Unidos, 65n.15
    gasto social no, 80t, 83, 96, 100n.12
Capital, impostos sobre o, 85-8, 100-1
Capitalismo global, 116
Carta Social (Comunidade Europeia), 61-3, 70
Castañeda, Jorge, 109-10, *146*

Cato Institute, 50
CEA. *Ver* Council of Economic Advisers
CEE. *Ver* Comunidade Econômica Europeia
Child Labor-Deterrence Act, 50n.6, 52
China, 19, 115-6, 134n.17
Chirac, Jacques, 66
Cline, William R., 5n.6, 18, 22-3, *146*
Coeficientes de entrada e saída, 48n.4
Collins, Susan, 5n.6, *146*
Comércio justo, demandas para, 8, 57-60, 121-3, 126
Comércio. *Ver também* Globalização
    abertura para. *Ver* Abertura
    autossuficiência no, 77n.18
    consequências distributivas do, 46-9
    exposição ao, e tamanho do país, 95n.6
    fluxos do, efeitos nas normas de trabalho, 72-3
    ganhos do, 45-9, 119
    justo, demandas para, 8, 48-60, 120, 16-7
        livre-comércio
        defesa do, 49, 76
        legitimidade social e, 103, 112-23, 119-21
        novas questões no, 57-60
Comércios do último recurso, 55
Comissão Europeia, 62
Commission of the European Communities, 61-2, *146*

Compartilhamento do arrendamento, 22, 37-40

Competição injusta, 64, 124-5

Competitividade como uma desculpa para a reforma doméstica, 124-5

Comunidade Econômica Europeia, 60. *Ver também países específicos*

Carta Social, 61-3, 70

defensores trabalhistas na, 117-21

dumping social na, 61-2n.12, 70

gasto social na, 79-80 81t

apoio público para a, 104

integração e política social na, 60-9, 125-6

mercado de trabalho na, 15-6, 37-8

política comercial na, 123-31, 127n.10

procedimentos antidumping da, 59, 122-3

proporção de exportações em relação à renda nacional, 10, 10f

Condições de trabalho. *Ver* Normas de trabalho

Conflitos internacionais, fontes econômicas dos, 7-9, 112n.2

Consumo do governo, 83, 87, 90, 92-3, 95, 97

Contração, 33

Convergência, 11, 58, 61-2, 64, 76

Coreia do Sul, 2

Corporações multinacionais, 3n.3, 24, 70, 126-7

Cortes salariais, 29

Council of Economic Advisers, 33n.8, *147, 151*

Crick, Bernard R., 108, *147*

Custos não salariais, incidência dos, 7, 26, 28, 42

Dano sério, 130

Davis, Donald R., *147*

Defensores dos trabalhadores, papel dos, 117-21

Dehejia, Vivek H., 36n.10, *146*

Desemprego, 30-6, 39-40, 123

Desigualdade salarial, 15, 18-24, 30-3, 35-9

Desvalorização da moeda, 28-9

Dinamarca, 9, 12, 65, 96, 100n.12

Dixit, Avinash, 25n.5, 113n.3, 118n.4, *147*

Donahue, Thomas R., 24

Dumping social, 61, 62n.12

Easterly, William, 109n.1, *147*

Economistas

abordagem da globalização pelos, 4-5

papel dos, 112-7

Emprego, instabilidade do, 15, 30, 32, 34

Escócia, 70

Espanha, 62, 81t

Especialização, 88

Esping-Andersen, Gösta, 80, *147*

Espírito comunitário, 108-9

Esquemas de férias remuneradas, 66

Estabilidade social, tensões entre a globalização e, 10, 45-77, 107-11, 113-5

fontes de, 6-10

Estados Unidos
abertura para o comércio nos, 92
ação da cláusula de fuga nos,
122*n*.7
acordo de livre-comércio com o
Canadá, 65
crescimento do governo nos,
79-83, 81*t*, 82*f*
defensores dos trabalhadores,
117-21
déficit comercial dos, 120
gasto social nos, 100*n*.12
apoio público para os, 102-3,
103*n*.14
imigração para os, 11-2, 20-1
leis trabalhistas, 55-7
mercado de trabalho nos, 16-8,
42-3
instabilidade do, 31-6, 32*t*
Ministério do Comércio dos,
122*n*.7
Ministério do Trabalho dos, 24,
72, *152*
papel de liderança dos, 111
política ambiental nos, 73
política comercial nos, 123-31,
127*n*.10
procedimentos antidumping, 58,
122-3, 122*n*.7
proporção de exportações em
relação à renda nacional, 10*f*, 11-2
Trade Representative, 126
taxas de impostos nos, 101, 102*f*
Etzioni, Amitai, 3, *147*
Excedentes da empresa, redistribuição dos, 37, 40

Farber, Henry S., 33-4, 36, *147*
Financial Times, 128
Finlândia, 96
Foreign Corrupt Practices Act
(FCPA) de, 75, 127
França, 60
gasto social na, 79-80, 81*t*, 82*f*,
100*n*.12
greves dos trabalhadores na, 1,
65-9, 125
taxas de impostos na, 96, 101,
102*f*
Freeman, Richard, 15-6, 18, 20-1,
28-9, 39, 119*n*.5, *146-7*
Friedman, Thomas L., 2*n*.1, *147*
Fundo Monetário Internacional,
98*n*.10

Garret, Geoffrey, 82, *147*
Gastos da previdência social, 92-3,
103. *Ver também* Seguro Social
Global Awareness Society International, 3*n*.2
Globalização. *Ver também* Comércio
abordagem dos economistas da,
4-5, 112-7
aspectos históricos da, 11-3
concepções populares equivocadas sobre a, 115-7
medidas da, 11-3
reação contra a, 2*n*.1, 3-6, 107-8
tensões geradas pela, 4-10, 45-
77, 113-4
Goldsmith, sir James, 2, 4
Gottschalk, Peter, 31, 34-5, *148*
Governo
gasto social por parte do. *Ver*

A globalização foi longe demais?

Seguridade social
papel do, 121-5
Greider, William, 115-7
Greves trabalhistas na França, 1, 64-69, 125
Grupo dos Sete, encontro de Lyon, 3
Hines, James, 19, 75, 116-7, *148*
Hirschman, Albert O., 109, 134, *148*
Hoekman, Bernard M., 130, *148*
Holanda, 9, 128
gasto social na, 79-80, 81*t*, 83, 96, 100*n*.12
Hoover Europe, 70
Howell, David, 38, *148*
Hudec, Robert E., 146, *149*
Hufbauer, Gary C., 130*n*.14, *148*

Ilhas Cayman, 128
Imigração, 1, 11, 20-1, 41, 43, 53-4
Indústrias de bens duráveis, 22
Instituições internacionais, papel das, 127-34
Intercâmbios "desesperados", 55
Investimento Estrangeiro Direto (IED), 18, 72
Investimento estrangeiro via evasão de impostos, 127-9
Irlanda, 12, 65*n*.14, 81*t*, 128
Irwin, Douglas A., 13, *148*
Itália, 64
apoio público para a, 100*n*.12, 105*t*
gasto social na, 81*t*, 96
Ito, Takatoshi, 129*n*.12, *149*

Jaffee, Adam B., 73-4, *148*
Japão, 2, 58, 74

abertura para o comércio, 92
gasto social no, 79-80, 81*t*, 82*f*, 96, 100*n*.12
como alvo da política comercial unilateral, 126-7*n*.10
proporção de exportações em relação à renda nacional do, 10, 10*f*
Juppé, Alain, 42-43

Kapstein, 3*n*.3, *148*
Katz, Lawrence F., 18, 20-1, 37, 146, *148*
Katzenstein, Peter J., 80, 82, *148*
Keefer, Philip, 109*n*.1, *148*
Keynes, John Maynard, 77*n*.18, 112, *148*
Keiretsu, 58, 74-5
Khripounova, Elena B., 24-5, 37*n*.11, 42, *150*
Knack, Stephen, 109*n*.1, *148*
Kodak e Fuji, disputa entre, 58, 60
Kostecki, Michael M., 130, *148*
Kozul-Wright, Richard, 10*f*, *145*
Krueger, Alan, 52, *149*
Krugman, Paul, 4*n*.4, 19-20, 124*n*.9, *149*

Lawrence, Robert Z., 18, 21-2, 74, 129*n*.12, *149*
Leamer, Edward, 18, 25*n*.4, *149*
Lee, Jong-Wha, 120, 143*t*, 145, *149*
Leebron, David W., 120, *149*
Leibfried, Stephan, 62-4*n*.13, *149*
Leis do salário mínimo, 55-6
Leis trabalhistas, 53, 55, 61
Leste Europeu, 1
Levine, Ross, 109*n*.1, *147*

Levy, Frank, 16n.1, *149*
Liberalismo incorporado, 102-4, 112, 120-1
Libertários, 49-50
Lindert, Peter H., 49n.1, *149*
Livre-comércio
defesa do, 49, 55
legitimidade social e, 103, 112-3, 118-21
Lochner v. New York, 56
Londregan, John, 118n.4, *147*
Luxemburgo, 83

Maastricht, critérios de, 1, 8, 64-6, 69, 125
Machin, Stephen, 23n.2, 24n.3, *145*
Maguire, Matthew, 66n.*16*
Major, John, 62
Mão de obra. *Ver também* Emprego; Salários
compartilhamento do arrendamento por parte da, 21-3, 36-41
curva de demanda da, 26-7, 27*f*
curva de suprimento de, 26-8, 27*f*
custos da, 117-20
demanda de, 24-43, 135-43
choques para a, 27*f*, 27-9
escrava, 76, 126
imigrante, 11-2, 20, 40-3
impostos sobre a, 26-9, 70-2, 85-8, 100
infantil, 8, 45-55, 58, 72
misto de habilidades da, 119n.5
mobilidade da, 11-2, 63, 113-4, 11-2
na prisão, 51, 76

não qualificada, 5, 15-26, 35-6, 117-8
demanda de, 40-3
poder de barganha da, 36-7, 56-7, 61 , 117-8
possibilidade de substituição da, 6, 23-4, 34-43
produtividade da, 113-9
Marketization, 133
Marxiano, socialismo, 112
Mayer, William G., 103n.14, *150*
Mecanismos da cláusula de fuga, 113-4, 122-3, 129, 130n.14
Medicare, 103
Medidas de salvaguarda, 130-4
Melhora dos termos do comércio, 48n.4
Mendoza, Enrique G., 100, *150*
Mercado de trabalho, 15-43
desinstitucionalização do, 38
instabilidade do, 30-6
resultados pós-deslocamento no, 30-6
seguridade do, 123
Mercados de produto, volatilidade nos, 35
México, 51n.7, 110, 119n.5
Milesi-Ferretti, Gian Maria, 96n.7, 100, *150*
Mishel, Lawrence, *150*
Mitchell, Daniel J.B., 38, *150*
Mitchell, Deborah, 82, *147*
Mobilidade do capital, 9, 11, 113-4
e demanda por mão de obra, 87-8, 90, 96-8, 135-43
Modelo das dotações de fator, 7, 17, 19-21, 41, 54, 71, 74

Modelo de dotação de fatores de Heckscher-Ohlin-Samuelson, 19-21, 25, 74

Moffitt, Robert, 31-4, *148*,

Movimento comunitário, 2

Mudança tecnológica, voltada para a habilidade, 16-7, 21-4, 38, 48, 76, 111

Mulheres, normas de trabalho para as, 56, 60-2

Murdoch, Rupert, 23-4n.3

Nafta. *Ver* North American Free Trade Agreement

New York Times, 58, 66, 68-9

Noland, Marcus, 74-5, *150*

Normas de trabalho
custos das, distribuição das, 26-8, 27*f*
e formulação da política comercial, 52-4, 61-2, 71-2, 120-2
efeitos dos custos de mão de obra nas, 71-4
efeitos dos fluxos comerciais sobre, 73-4

North American Free Trade Agreement, 2, 52n.9

Noruega, 81*t*, 100n.12

Nova Zelândia, 81*t*, 92

Nozick, Robert, 48n.3, *150*

Nye, Joseph, 104, *150*

Objetivos humanitários e formulação da política comercial, 54

OCDE. *Ver* Organização para a Cooperação e o Desenvolvimento Econômico

One World, Ready or Not: The Manic Logic of Global Capitalism (Greider), 115-6

Opinião pública
importância da, 133, 133*t*
sobre o gasto social, 102-4, 105*t*, 103n.14

Organização do Comércio Internacional, 51n.8

Organização Mundial do Comércio (OMC), 2, 4, 7, 50, 58
Acordo de Salvaguardas, 130
mecanismos da cláusula de fuga da, 113-4, 122-3, 122n.7, 126-9, 129n.12-3
papel de monitoramento para a, 133
votos de congressistas sobre a, 51n.9

Organização para a Cooperação e o Desenvolvimento Econômico, 71, 75n.17, 79, 82*f*, 83, 84*f*, 93, 124n.9, 127-8. *Ver também países específicos*
países na, gastos do governo, 96-101, 99*t*

Oswald, Andrew, J., 37, *146*

Padrão ouro, 11

Padrões justos de trabalho, 51n.8

Países em desenvolvimento
efeitos da globalização nos, 109-11
seguridade social nos, 95

Partido Republicano, 1, 107

Penn World Tables, 93, 143, *150*

Perda do emprego, índice de, 15, 33-4

Perez-Lopez, Jorge F., 130n.14, *150*
Perot, Ross, 2
Perotti, Roberto, 65, 71-2, 96n.6, *145, 150*
Peterson, Steven R., *148*
Pierson, Paul, 62-4, *149*
Poder político dos sindicatos, 117-21
Polanyi, Karl, 110, *150*
Política ambiental, custos da, 73
Política comercial
em resposta às tensões da globalização, 4-5, 113-4
formulação da
e as preocupações das normas de trabalho, 51-5, 61-2, 71-2
na economia global, 111-2
papel dos economistas na, 112-7
multilateral, 7, 76, 114, 121-29, 129n.12-3
Política industrial, 74
Portney, Paul, R., *148*
Portugal, 62
Práticas comerciais corruptas, 75, 127
Práticas nacionais, diferenças nos efeitos sobre o comércio, 7-10, 49-53, 58-9, 69-77, 126-7
harmonização das, 113-4, 124-5
Preços das *commodities*, 11
Premiação da especialização. *Ver* Desigualdade salarial
Princípio de Le Chatelier-Samuelson, 25n.5
Procedimentos antidumping, 59, 122-3, 126, 130, 132
Produção, função da, 48n.4

Produção, mão de obra para, demanda de, 25-6
Produtos, intensiva mão de obra pouco qualificada, preço relativo dos, 21, 43
Proibição do comércio interno, 49n.5
Protecionismo, 2, 4-5, 8-9, 13, 52, 69, 76, 107-8, 111-3, 116, 118-9, 121, 132-3
Protocolo sobre a Política Social (Tratado de Maastricht), 64-5
Przeworski, Adam, 85-6n.2, *152*
Putnam, Robert, 109n.1, *150*

Questões de legitimidade, 48-54, 103, 111, 125-30

Ramey, Valerie, 21-2, 37, *146*
Razin, A., 100, *150*
Reação política contra o comércio, 1, 4, 107
Redistribuição da renda, 47-8
Redução da poluição, custos da, 73
Regulamentações de saúde e segurança ocupacionais, 61, 63-40
Regulamentações de saúde e segurança, 55, 61-4
Reino Unido, 11
abertura para o comércio, 92
e as disputas de política social da CEE, 61, 64-5, 70
gasto social no, 79-82, 81t, 82f, 100n.12
apoio público para o, 103, 105t
taxas de impostos no, 100-4, 102f
Relações de trabalho, 6-8, 36-40
consequências do comércio para, 15-43

Remuneração igual, 60-2
Restrições voluntárias às exportações (VERs), 130
Retaliação, 127
Richardson, J. David, 18, 24-5, 37n.11, 42, *150*
Risco da renda, 87-91, 89*t*
Risco do consumo, 90-1
Risco externo
    estimativa do, variação no tempo, 97n.8
    exposição ao, 85-7
        versus abertura, 91-2
    importância do, 87-91, 89
        evidência *cross-country* na, 91-6, 94*t*
Risco interno, 90-1
Rodada do Uruguai, 130
Rodrik, Dani, 46n.1, 72, 83, 95, 95n.6, 109n.1, 130n.14, *145*, *150-1*
Roosevelt, Franklin D., 56
Rose, Andy, 98n.12
Rosen, Howard F., 130n.14
Ruggie, John G., 57, 103-4, 111, *151*
Rússia, 1

Sachs, Jeffrey, 18, 143*t*, *151*
Salários
    determinação dos, 36-40
    efeitos do comércio internacional nos, 4-9, 18-21, 117-21
    instabilidade dos, 30-1, 32*t*
    mínimos, 55-6
Samuelson, Paul, 4
San Francisco Chronicle, 69
Sandel, Michael J., 3, 56, *151*

Sanfey, Peter, 37, *146*
Sapir, Andre, 60-1, 62n.12, 63, 70, *151*
Saxonhouse, Gary, 74, *151*
Schiff, Maurice, *151*
Schott, Jeffrey, J., 123n.8, *151*
Schuknecht, Ludger, 80, 124, *152*
Seguridade social, 91-2, 103, 124
Seguro para idosos, 92, 103-4, 123
Seguro social, 79-105
    apoio público para o, 102-4, 105*t*
    aumentos no, 79-80, 82*f*
    carga de impostos do, 100-2, 101*t*, 102*f*
    e a abertura do comércio, 8-10, 13-4, 69-75, 83-7, 84*f*
    e a exposição ao risco externo, 87-91
    equilíbrio entre, 118-21
    evidências *cross-country* no, 91-6, 94*t*
    papel dos economistas no, 112-7
    importância do, 86, 121-3
    mensuração do, 91-2
    na Europa, 60-9
    nos países da OCDE, 96-102, 99*t*
    nos países de baixa renda, 93, 95
Seguro-desemprego, 103
Shatz, Howard, 18, *151*
Sindicatos trabalhistas
    e a greve francesa, 66-9
    eficiência em termos de custos dos, 39-40n.12
    enfraquecimento dos, 36-40
    poder político dos, 117-9
    reação dos, 2-3
Single European Act, 61

Sinn, Hans-Werner, 102n.13, *152*
Slaughter, Matthew, 18, 21, 25, 42, *149*
Soberania nacional, 57n.10, 63
Socialismo, 112
Srinivasan, T.N., 51-2, 54, *152*
Staiger, Robert W., 129n.13, *145*
Stavins, Robert, *148*
Suécia, 6
gasto social na, 12, 79-80, 81t, 96, 100n.12
Suíça, 81t, 82, 100n.12
Summers, Lawrence H., 37, *148*
Suprema Corte, 55-7

Tanzi, Vito, 80, 124, *152*
Tarifas de importação, 112n.2
Taxa Tobin, 114
Taxação
capital, 85-7, 100
da mão de obra, 26-9, 71-2, 86-7, 100
e a carga do seguro social, 100-4, 101t, 102f
evasão de, via investimento estrangeiro, 127-30
no nível global, 113-4, 127-8
política europeia sobre a, 63-4
relacionamento entre a abertura e, 100-2, 101t, 102f
unitária, 85n.2
Taylor-Gooby, Peter, 103, *152*
Terceirização, 6, 18, 46-53, 73, 108, 116
definição de, 6n.7
Tesar, L., 100, *150*

The Public Interest, 103n.14
TJE. *Ver* Tribunal de Justiça Europeu
Trabalhadores imigrantes, 53
Trabalhadores. *Ver* Mão de obra
Trabalho escravo, 76, 126
Transferências de renda, 79, 82, 82f, 87, 92-3, 97, 123, 136
Tratado de Roma, 60-1
Tribunal de Justiça Europeu, 63-4
Turquia, 2n.1, 83

Vantagem comparativa, 4
e a especialização, 88
e as normas de trabalho, 71-3, 120
e o dumping social, 61
efeitos da globalização sobre, 35, 46, 54
Vantagem competitiva, 35
Vernon, Raymond, 3n.3, *152*
Volatilidade dos termos do comércio, 86, 93, 97-8
Volumes comerciais, 11, 43

Wade, Robert, 2n.1
Wagner, Lei de, 97
Wallerstein, Michael, 85-6n.2, *152*
Walzer, Michael, 55, *152*
Warner, Andrew, *151*
Watergate, escândalo de, 75
West Coast Hotel Co. v. Parrish, 56
Williamson, Jeffrey, 11-2, *152*
Wood, Adrian, 18, 21, *152*

Xian Aircraft Company, 112-6

Zyuganov, Gennady, 1

SOBRE O LIVRO

Formato: 14 x 21cm
Mancha: 18,8 x 42,5 paicas
Tipologia: Iowan Old Style 10/14
Papel: Offset 75 g/m² (miolo)
Cartão Supremo 250 g/m² (capa)
1ª *edição:* 2014

EQUIPE DE REALIZAÇÃO

Capa
Estúdio Bogari

Edição de Texto
Luís Brasilino (Copidesque)
Frederico Ventura (Preparação de Original)
Tatiana Valsi (Revisão)

Editoração Eletrônica
Eduardo Seiji Seki (Diagramação)

Assistência Editorial
Alberto Bononi

Impressão e Acabamento: